大是文化

哈佛教會我的社會生存力

私がハーバードで
学んだ世界最高の「考える力」

哈佛首席畢業、
音樂顧問公司Smilee Entertainment執行長
廣津留董◎著　羅淑慧◎譯

有些人只能考高分，有些人蛻變為成功的人。
考進哈佛的日本女生，如何觀察、跟上、
然後超前那些優秀同儕？

第一章　我在哈佛學到的生存之道

Contents

第二章 為了跟上頂尖同學，我這樣訓練自己

第三章 學業、社交、睡眠，哈佛人只能選兩種

Contents

第四章 哈佛式小論文，走到哪裡都受用

第五章 這裡不講求完美主義

Contents

第六章 給我你的想法，別老是靠感覺

推薦序

在哈佛學會的能力，助你成為人生勝利組

《不是資優生，一樣考取哈佛》作者／曾文哲

看到這本書時，我眼睛為之一亮，作者不僅不藏私的分享世界名校的生存方式，也深刻剖析美國自由學風與日本保守公立學校的差異，要適應如此不同的環境，著實不容易。

當年我在哈佛大學念研究所時，也有類似的文化衝擊（cultural shock），特別是我跟本書作者一樣，從小到大都念公立學校，沒有受過私立貴族學校「國際專班」或「外籍教師」的洗禮，到國外頓時有種劉姥姥進大觀園的感受。

作者提到幾點我特別有感觸——首先是有問題就問，歐美學生不會等到下課或老師講完一個段落後才發問，他們只要有疑問，便馬上舉手問。在臺灣，很多

老師可能覺得這樣不禮貌，但在哈佛，大部分的教授都很習慣這樣的做法。如果老師真的沒時間回答，他會請你下課後再跟他一對一討論。在美國，教授與學生比較像是朋友關係，不會特別重視師長、長輩的尊嚴或禮數。

其次是批判性思考的重要性，作者提到一定要提出跟其他人不同的看法，這對哈佛學生來說是家常便飯。臺灣教育習慣凡事都有標準答案，考完試大家對完答案，分數就呼之欲出，很少針對某個議題開放性的討論或辯論。即使是教科書的內容，美國學生往往充滿質疑，不會視為理所當然。事實證明，即使是教科書也常常會寫錯，更別提老師上課的內容了。

再來是滿滿的社交活動，當年我在哈佛念書時，每學期光學校的活動大概就參加了二、三十場，從開學的啤酒餐敘（包下餐廳，讓新生認識彼此）、Welcome party、冬季舞會，到遊艇派對（學校包下一艘大遊艇，從波士頓港口出航），這些場合不僅是認識其他師生的大好機會，更是拓展人脈（networking）的好機會，特別是如果預計留在美國工作的話。我當時有同學靠著舞會上認識的人脈，在沒有綠卡的情況下，成功進入世界五百大企業工作，領取令人稱羨的高薪，成為人生勝利組。

再來，作者提到習慣讀英文資料。同樣的主題，你用英文查到的資訊量是中文的好幾倍，如果是學術論文就更不用說了，國際期刊的論文幾乎都是用英文撰寫。習慣讀英文資料，你得到的資訊會是別人的好幾倍，同時也能訓練自己的英文閱讀能力，好處不勝枚舉。

最後一點是作者多次強調的靈感筆記，我在我的著作《不是資優生，一樣考取哈佛》及《高效讀書法》都曾提到靈感筆記的重要性。我們常常在某些時刻腦中會迸出一些想法，如果把它記錄下來，就會慢慢累積成一份珍貴的資產。現在世界經濟早已脫離勞力密集的型態，轉變成知識密集、創新密集，你有別人想不到的想法，就容易成功。想看看，若在二十年前網路剛發展時，你就開始發展電商，可能現在亞馬遜或樂天集團的董事長就是你了。

祝福大家都能從這本書裡面得到一些靈感與啟發！

前言

從沒出國留學的我，都跟哈佛同學聊什麼？

大家聽過「Out of comfortable zone」嗎？中文直譯是「走出舒適圈」，不安於現狀，能挑戰新的事物。

我生長於日本的大分縣大分市，從當地的公立高中畢業後，應屆考取美國哈佛大學（Harvard University），並以第一名成績畢業。之後我就讀美國茱莉亞音樂學院（The Juilliard School of Music），也是第一名畢業。

我現在住在紐約，擔任小提琴家，除此之外，我在紐約開設音樂顧問公司，擔任公司的執行長。

在十八歲進入哈佛就讀之前，我完全沒有海外生活或留學的經驗，唯一的就學經歷只有公立國小、國中和高中，我甚至沒去過補習班。此外，我非常沉迷從三歲開始學習的小提琴。

對於在大分市過著平凡生活的我來說，突然飛到美國就讀哈佛，就是走出自己的舒適圈。

進入哈佛之後，我的日常被澈底推翻：就算是等紅燈，只要沒車，就可以放心過馬路；上課期間，有機會就要舉手發問；見面時，要先握手；對話要不斷提及對方的名字……即便是這些被現在的我認定為常識的事情，在當時，我拚命的仿效，讓自己盡快適應環境。

其中最令我驚訝的是，哈佛同學的高度求知欲和思考力。多數人和朋友在餐廳交談時，不同於一般的閒話家常。他們談論的，不是專業生物學，就是投資公司運用的應用數學公式等。

而且，一旦開始聊某個話題，會被迫跟著一起思考，直到找到真相為止。最不可思議的是，即便是最先進的生物學或是應用數學，只要是出自哈佛同學的嘴裡，內容就變得十分有趣，一點都不枯燥乏味。因此讓人產生滿滿的興趣，甚至希望能多聊一、兩個小時。

即便是再困難的領域，其根本的主軸仍然相同。正因為有高度的求知欲，所以即便話題並非自己的專業，仍然可以討論得十分火熱。最重要的是，正因熱烈討論，進而刺激思考，使每個人都有獨特見解，透過不同的解讀，碰撞出更深奧且有趣的談話內容。

在和哈佛同學討論的過程中，我也察覺到思考的樂趣。

每次思考都有全新的發現，跟朋友交換意見的過程中，又會產生新發現，就是這麼一個激動人心的循環。我認為在哈佛鍛鍊出的思考力，是帶領我進入茱莉亞音樂學院就讀，乃至於畢業後能順利創業的主因。

有些人認為，哈佛學生的生活與旁人截然不同，所以能力也有所不同，但事實上，這是因為多數哈佛學生有著滿滿的好奇心和思考力，所以同樣是看著某些事物，他們卻能有令人怦然心動的發現。

前往世界各地旅行時，你會結識各種不同的朋友，同時也會發現自己內心裡不曾察覺的部分。

思考就像在大腦裡踏上冒險旅程，那可能是一個人的旅行，也可能是和伙伴一起同行的旅行，不論是何種形式，肯定會有新的發現。

第一章

我在哈佛學到的生存之道

01

搶在其他人之前發表意見

在今後的時代，若要擁有不被人工智慧（ＡＩ）取代的自我價值，就必須具備個人獨有的積極創意，或是提升創造物品的技術。

「只有這個人可以辦到」，現代社會對這種專屬技能的需求逐漸攀升，與此同時，對於任何人都可以取而代之的工作需求，則有下滑傾向。

若要展現出個人獨有的價值，必須從根本琢磨思考能力。我在初入哈佛時，第一次產生這種想法。

從小學到高中，在我就讀的日本學校裡，必須取得老師同意才能開口說話；若老師沒有允諾就擅自發言，會被視為多嘴、失禮。這對我來說，是理所當然的事。可是，哈佛卻完全不同。

哈佛的課程採十五人左右的小班制。教授提問時，總有許多學生搶著發表意見，所以課程上的發言、討論總是十分熱絡。

除此之外，我在進入哈佛的第一個學期，察覺到一件事：**老師上課時，從不點名，但不發言，就被視為缺席**。因為老師只會記錄學生的發言內容和次數。學期末的考核也是，除了期中、期末考的成績之外，課堂上的發言紀錄幾乎占考核成績的二五％以上。而且，**如果意見和其他學生相同，就不會得到評分**。因為「我也這麼認為！」並不會產生任何新的價值。

就算自己的意見和前面發言的學生幾乎相同，仍必須在這之中加入新的觀點跟內容才行，否則就不具有存在價值。所以在課堂上，學生們為了展顯自己，就會腦洞大開，拚命的思考並發言。我最初完全沒辦法適應這樣的上課型態。

剛進入哈佛時，我碰到的第一個障礙是英語能力。由於我母親經營英語補習班，我從小就接觸英語，所以對自己的英語能力還挺有自信的。

可是，我的程度和同學相比，簡直就是天壤之別。

基本上，母語人士的說話速度很快，所以光是聽他們講話，就讓我感到十分吃力，此外，同學們會說英檢或托福沒有出現過、只有年輕人才有的隨性措辭，也會說很多我沒聽過的俚語。

再加上，哈佛大約有一〇%的學生來自美國以外的國家，所以母語不是英語的學生，難免會有比較特殊的口音或腔調，有時也很難聽懂。

「這樣我根本沒辦法在課堂上充分發言……。」基於這樣的危機感，我馬上向教授求助：「我是在日本長大，並不習慣這種積極風格的上課方式。而且討論的速度太快，跟不上大家的腳步。」

教授很明確的回應我：「我了解，不光是日本人，許多來自亞洲的學生，都不擅長在課堂上表現自己。突然要適應這一切，的確相當困難，所以一開始我會採點名的方式。當我拋出問題時，你要多發表意見。」

之後，教授在課堂上提問時，會刻意放慢速度，讓我可以更容易聽得懂。從那時起，我開始能確實回答教授提出的問題，就算他沒有主動提問，我也漸漸會主動舉手發言。此外，我也鼓起勇氣，加入了同學之間的辯論。

基於這樣的經驗，我在哈佛第一年掌握了以下訣竅：

1、在課前預習時，先寫下自己要說什麼。
2、搶在其他人之前發表意見（因為被他人搶先一步，價值就會減半）。
3、要陳述得更詳細（就算被搶先說出類似意見，仍可提出全新的觀點）。
4、就算賭一口氣，仍要想出跟其他同學不一樣的意見。
5、如果還是沒辦法提出什麼，就仔細聆聽同學們的討論，從中得出新的想法或問題。

我就是以這樣的方式，平安的渡過每一課堂。

哈佛教會我的社會生存力

儘量表達出不同於他人的意見，不讓思想變得狹隘。

02 刻意說點不一樣

每年暑假，我和母親會在日本大分市，以六歲至十八歲的學童為主要對象，舉辦英語研討會「Summer in JAPAN」。

這是一項用英語學習國際性必要技能的教育計畫。主要對象是來自世界各國與日本各地的國小、國中與高中生，而負責教學的，是從上百位報名者中，選出的十二名哈佛在學學生。

第一天從自我介紹開始。學童們用不太習慣的英語，和初次見面的哈佛學生對話，學童顯得十分緊張，而日本孩子更是緊張得說不出話。

為了消除他們的緊張，哈佛的學生講師會用英語拋出簡單的問題：「大家喜歡吃什麼水果？」

結果，發生了有趣的現象。當第一個孩子回答：「草莓。」之後，其他人也跟著說出相同的答案，就這樣，「草莓」、「草莓」、「草莓」的作答聲音此起彼落。

「喜歡的冰淇淋口味呢？」就算換了問題，情況還是沒有改變，當第一個孩子回答：「香草。」其他孩子也給出一樣的答案。

這是日本孩子身上才會出現的特有現象，其他國家孩子並不會如此。即便喜歡的水果不是草莓，喜歡的冰淇淋口味也不是香草，日本的孩子不會做出明確的主張，因為採取和他人相同的答案，比較保險。

而哈佛學生被問到「喜歡的水果是什麼？」時，若前面的人回答「草莓」，就算自己打從心底喜歡草莓，也會賭一口氣，列舉出其他不同的水果，然後開始滔滔不絕的敘述喜歡的原因。

被要求發言的時候，應該添加一些能展現自己的內容。這也是一種加深思考力、提高個人價值的實踐訓練法。

在英語中，可以回答 Yes 或 No 的問題，稱為是非句（Yes-no question）。但，基本上，很少人只單純回答 Yes 或 No。通常在這之後，一定會加上某些理由來說明；如果只有 Yes 或 No，就會遭人輕視，被當作是毫無想法的人。

在哈佛求學期間，因為有為期一週的感恩節假期，讓我有機會寄宿朋友家。對美國人來說，每年十一月第四個星期四是感恩節，也是一年當中最重要的家庭節日。就像日本的盂蘭盆節或新年那樣，家族裡所有成員會聚集在一起。

感恩節最初始於十七世紀，當初是美國移民為了向神感謝作物的豐收，現在則變成用來感謝身邊所有人事物的日子。晚餐時，大家圍著餐桌，在品嚐烤火雞和南瓜派前，眾人開始了某種儀式——依序表達感謝：「我要感謝〇〇。因為××（I am thankful to...... because......）。」

我平時不會在好友或家人面前說這種正經臺詞，雖然對此感到困惑，不過，我還是開口：「我要感謝在哈佛認識的朋友和朋友可愛的家人，謝謝他們邀請我共度人生中的第一個感恩節，感謝友情、家人和緣分。」語畢，大家全都露出笑容，為我拍手鼓掌。

之後我才知道，每個家庭都會在感恩節的時候這麼做。

在美國，不論是再怎麼平凡的家庭或學校，都會要求孩子在他人面前，表達個人意見。

即便是再怎麼了解脾性的家人，也習慣大聲說出自己的想法，不是只有心領神會，正因為如此，不論是在大學或是職場，他們都能坦蕩的說出自己的看法。

不只說 Yes 或 No，還要說明理由、原因。

03 有問題就問，不用察言觀色

哈佛學生在上課期間，要是有任何疑問或想到什麼，會毫不遲疑的把問題抛給教授。即便是偏離主題的問題，但只要展現出積極找疑問的求知態度，仍會為自己帶來極高的評分。學生必須基於授課的內容，從多方面推敲出問題點，才有辦法提出疑問，就算問題本身並非好問題，也沒關係。

正因為那是學生擴展思考的機會，所以發言會為自己帶來極高的評分。就我的實際經驗來看，我發現只要在聆聽時，一邊思考「要如何提問？」大腦會更容易記住內容。若在課堂上保持沉默，不管是教授或其他同學，都會認為你對這門課並不積極，所以才沒有絲毫疑問。

我在日本參加演講時，就算主持人在最後說：「有沒有什麼問題？」臺下多半是一片死寂。

在好不容易有發言機會的場合，與其察言觀色的保持沉默，不如試著針對好奇的部分提問，才能充分利用機會。與其在意那些可能不會再見面的參加者，不如直接詢問講師，肯定對自己百利無一害。

就這一點來說，**哈佛的學生幾乎都是不懂察言觀色的人**。

例如，知名人士前來演講時，有些人的疑問若在提問環節沒得到解答，他們會等演講結束後，跑到講臺前排隊詢問或表達自己的想法。

美國的提問文化源自於，從初等教育開始營造，只要提出「與眾不同的獨特見解」，就能獲得好評的環境。

我認為，想要獲得機會，就要盡量提出意見，養成發表個人想法的習慣。

在尋求創新與個性的未來社會裡，**什麼都不做才是一種風險**。

如果希望改變現狀，就不該把發表個人想法視為風險，反而應該把它當成超越他人的武器。

「如果發言偏離主題，該怎麼辦？」或許有人會有這樣的不安。但在你勇敢跨出第一步時，你會出乎意料的聽到別人說：「很棒，幹得好！」或得到好評：「真是個不錯的意見！」

就像第一隻企鵝（按：企鵝是群體動物，所以第一隻企鵝，是指在群體中一馬當先，最先跳入海裡覓食的企鵝，比喻有勇氣、不怕失敗、能面對任何挑戰），當你試著扮演那隻率先跳進大海的企鵝，站在身後的人便能獲得啟發，進而學習仿效。討論就會變得更加活絡，進而提升整個團隊的思考能力，或許能因此發揮更高的效能。

跟哈佛教授一樣，不論是公司或家庭，營造出容易發言的環境，就是上司、父母們的重要任務之一。若你是領導者或是有家庭的人，只要試著營造出可以自由交換意見的氛圍，就能幫助團隊成員或孩子擴展思考能力。

哈佛教會我的社會生存力

首先，打破障礙，想辦法多發言。

04 把困難條列出來，逐一破解

我高二時，在當年二月決定報考哈佛大學，而美國大學入學考試的截止日期是十一月底，換句話說，我剩下的準備時間不到一年。

於是，我開始上網蒐集哈佛的入學資訊，並列出報考哈佛的必要條件：

1、簡歷（國中和高中選修的課程和成績、志工活動和課外活動等紀錄）。
2、參加學術水準測驗考試（SAT）或美國大學測驗（ACT）（兩者皆為美國各大學申請入學的重要參考條件之一）。
3、高中的成績證明書、應屆畢業證明。
4、兩封教師推薦函。
5、兩篇小論文。

6、學校報告（載明在籍學校的實績）。

7、面試。

我開始一邊蒐集問題集，一邊請高中老師幫我寫推薦函，逐一解決眼前的阻礙。

基本上，我花費最多努力增加英語詞彙量。

當然，因為是全英語考試，所以必須具備與英語圈考生相同的英語能力。包含連本地人都不一定知道的英語單字在內，我至少得背一萬五千個單字，否則根本沒辦法和他人競爭。

我在一邊磨練英語能力的同時，不斷的解答SAT問題集，為考試做準備。由於小論文的好壞會嚴重影響結果，所以我也花了很多時間反覆推敲，最後寫了兩份小論文，來展現自己的行動和個性。

我把這些繁雜的哈佛入學考試的必要項目全輸入腦中，然後逐一擬定對策並完成。

在我進入哈佛之後的另一個轉折點是，副修的科目「國際保健與保險政策」（Global Health and Health Policy）。

聽起來似乎是相當複雜的領域，但其實這門學問一點都不難，主要透過生命科學和社會科學，解決傳染病預防和公害對策等，屬於全球層級的健康問題。

公共衛生課程的一個作業項目是，由三、四個人組成一個小組，選擇一個在國際間發生的醫療課題（疫情、發展中國家的健康問題、傳染病等）作為主題，然後在三個星期內整理出解決對策，最後以簡報形式進行發表。

正因為不斷的模擬如何解決不知道正確答案的課題，我才能夠培養出如此強大的解決問題的能力。

另外，我在哈佛學士課程畢業之後，決定報考茱莉亞音樂學院的碩士課程，當時距離二次試驗用的錄音甄選，僅剩不到一個月。

所謂的錄音甄選，是把多首指定曲音源上傳到學校，讓學校教授審查，並從中篩選出有資格前往紐約參加實際試聽甄選的學生，簡單來說，類似預選。

對於報考小提琴的我來說，若要錄製試音用的指定曲，必須請優秀的鋼琴家幫忙伴奏，還需要優秀的音響人員協助錄音。

最重要的關鍵是，從候補指定曲中，挑選出自己最擅長的曲子，這是十分重要的步驟。

就跟報考哈佛的時候一樣，我把這些應該解決的問題條列出來，然後逐一解決。結果，完美過關。我順利進入了正式考選的試聽甄選預選。

正式考選時，負責考選的教授會從事先列出的指定曲中，提出希望應考學生演奏的曲子。指定曲多達十首曲子，總計的演奏長度約有九十分鐘左右。

然後，教授會隨機指定，例如：「請彈奏這首曲子的第二樂章」或是「從這裡的第幾小節開始演奏」。

雖然事先準備的內容長達九十分鐘，但實際演奏的時間卻只有短短的十五分鐘，最後我傾注全力，終於幸運考取了入學資格。

這些經驗，讓我培養出不論碰到多麼繁雜的課題，都能靠邏輯逐一解決的習慣，就是這種問題解決力，把我推向高中時期根本未曾想像到的舞臺。

我會在下一章具體來說，該怎麼做才能提升問題解決力。

哈佛教會我的社會生存力

把課題列成清單，才能逐一解決。

重點整理

就算賭口氣，也要提出與他人不同的意見。

簡單的問題務必加上自己的創意。

增加發言的機會，就能增加思考的機會。

比起說些什麼，什麼都不說反而更危險。

鼓起勇氣，積極參與討論。

第二章

為了跟上頂尖同學，我這樣訓練自己

05 天天寫待辦事項，大小事都寫

解決問題時，我會採用兩個準備和四個步驟。先來解釋準備：

準備一　盡可能蒐集課題的相關資訊（若要解決問題，就不能缺少問題背後的詳細資訊）。

準備二　設定解決問題的期限（做任何事都要設定期限，維持緊張感）。

第一個準備工作，是盡可能找到更多資訊。藉由資訊，可以讓課題的本質變得更清晰，就連表面看不到的障礙，也會隨之浮現。

接著是設定期限，這麼一來，就能營造出「絕對要在時間內完成！」的緊張感，同時激勵自己。

看起來相當理所當然，卻是邁向成功的最大關鍵。

經典的知名遊戲《超級瑪利歐兄弟》（*Super Mario Bros*）之所以如此暢銷，其中一個原因，就在於瑪利歐一旦跳躍失敗，從畫面中消失，遊戲便結束。為了適當跳躍，避免瑪利歐摔落，玩家必須目不轉睛的盯著畫面，玩家因此產生更高的集中力，在不知不覺間進入遊戲世界。

壓力太大，或許會讓人感到焦慮，但是，人若沒有壓力，就會怠惰。當然，維持壓力的平衡非常重要，但若我想提高集中力，便會給自己一些壓力。

接下來是解決問題的四個步驟：

步驟一　決定最終目標。

步驟二　決定中間目標。

步驟三　寫出能達成中間目標的工作。

步驟四　把今天可完成的工作寫進待辦清單（To-Do List）。

步驟一，決定想達到的最終目標。接著用肯定句寫出來，如何解決目前的問題以及希望達成什麼。例如：「希望在四月之前取得資格」，改成「要在四月前取得資格」。

甚至，還要明確寫出數值，而不是曖昧不明的目標。如：「增加顧客」改成「三個月內讓顧客增加二〇%」。

步驟二，決定在通往最終目標的途中，能完成的中間目標。

課題越大，越容易覺得離目標遙遠，鬥志也就很難提升。因此，要把距離加以細分，藉此縮小目標，讓自己產生「這種程度我辦得到」想法。

下一步，列出達成中間目標的工作。這裡不要拘泥於數值等數據，秉持著挑戰精神，列出工作清單。舉例來說，背五百個專業用語、拋出預算三十萬日圓，釋出強大的網路廣告等。

在解決問題的過程中，你會慢慢完成中間目標。

準備一 蒐集資訊

準備二 設定期限

步驟一 決定最終目標

步驟二 決定中間目標

步驟三 寫出通過中間目標的工作

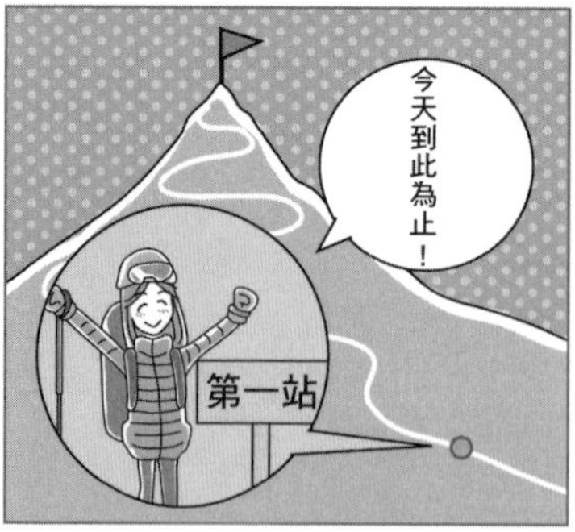

步驟四 寫下當天的待辦事項

如果列出的工作中，有比較難在期限內執行的工作，就該毫不猶豫的剔除，尋找更實際的替代方案。

最後一步，把工作寫進待辦清單，這個部分稍後再詳細說明。

我從小習慣利用清單來整理工作。從整個行程回推，三個月後、一個月後、下下星期、下星期……像這樣，從未來到現在，把該做的事情全寫進去，並且把「今天該做什麼」寫在當天的待辦清單裡。例：背三十個專門用語、完成廣告設計提案。

之後，我只需要照著待辦事項清單上的工作，逐一完成就可以了。

哈佛教會我的社會生存力

從未來到現在來推算，當天該做什麼。

06 哈佛人的口頭禪：為什麼

不論在工作或走在街上，有時腦中會猛然浮現出簡單的疑問。可是，大部分的人都直接放著疑問不管。

我從小就很在意浮現在腦中的疑問。

一般來說，在每個孩子的成長過程，都有一段時期會不斷的問父母「為什麼？」也就是提問期。

而我的提問期似乎還在持續，只要碰到好奇的疑問，我就會一直思考，直到找出答案為止。那就是我的思考力的泉源之一。

有很多哈佛學生從未停止問「為什麼」。只要和他們談話，從小小疑問產生的討論，會開始無邊無際的延伸，最後變成深入的探討。

即便是對一般人來說，覺得無所謂，多半會放棄討論，直接跳到下一段對話的話題，哈佛學生仍然不會放棄深入思考，持續深入探討。現在回想起來，那真是一段激發求知欲的快樂時光。

直到現在，我還是會經常深入思考一些讓別人聽到之後，可能會譏笑「有夠無聊」的問題。例如：

1、想泡出好喝的紅茶，應該先把熱水倒進茶杯？還是先放茶包？

2、冷凍食品標示「用微波爐加熱兩分三十秒」，是怎麼計算出來的？

3、卡樂比（按：日本一家以零食為主力的食品生產商）的零食，薯條杯的創意設計條碼是怎麼誕生的？對營業額有多少貢獻？

乍看之下，這些問題似乎無關痛癢，但事實上其背後卻存在著化學原理、物理原因，又或者是市場行銷上的巧思。我總是會這樣反覆的思考。

只要堅持不懈的思考一個疑問，就可以從中習得某些知識，同時也能培養出更獨特的觀點。

或許有些人認為，若有疑問，只要馬上用手機Google就可以找到正確答案。如果是工作等要求速度的情況，這種做法更是不在話下，但是，立刻上網查詢，未必能訓練思考力。重點是，我覺得這樣一點都不有趣。

所以我會壓抑住希望快點知道答案的心情，先試著動腦思考，然後再透過Google進一步查詢。

日常生活中，那些讓自己猛然湧現出疑問或產生矛盾感受的問題，或許原本被人們認定為常識，所以人才沒有半點質疑的堅信著。

我認為那些在某些時候突然產生疑問或矛盾感受，可以幫助自己打破堅信或判定的外殼，成為引導出全新思考方式的寶貴機會。

哈佛教會我的社會生存力

即使是突然想到的疑問，也要深入思考。

07 我至今仍用手抄寫筆記

我出生於一九九三年，所以在我懂事時，世界已經是個以網路為基礎的數位世代了。

我利用網路，獲得哈佛入學的相關資訊。

雖說我現在過著無法脫離 Pixel（Google 推出的智慧型手機）的生活，不過，在整理音樂或工作時，我不會使用智慧型手機跟電腦，而是手寫筆記。

或許有人認為使用手機或電腦會比較合理，實際上的確有許多人都是那麼做。就算沒有隨身攜帶筆記也沒關係，（只要有網路）用手機輸入，就可以透過 Google 的瀏覽服務，在全世界的各個地方存取各種資訊。

在充分了解這點的情況下，我仍堅持手寫筆記來整理想法，因為比起在手機的小畫面裡輸入文字，在篇幅遼闊的筆記本上，我可以更自由的撰寫，想法也就

腦中浮現的想法，要手寫記錄下來。

更容易變得遼闊。

基本上，手機和電腦都是從畫面的上方開始，依序往下編輯，如果使用紙本筆記跟筆，想從哪裡開始撰寫都沒問題，也可以隨心所欲的加上插畫或圖片。

隨興寫在筆記本上的想法，可以畫上線條連接，加上關聯性，也可以加上編號，進一步彙整，在這個過程當中，模糊的想法會逐漸變得清晰。

原本在大腦很難看出彼此關聯性的想法，只要條列在紙上，透過相互連接，便能綻放出未曾想像到的光芒。

如果是平板電腦，或許可以跟紙張一樣恣意寫下筆記，但是，就我的經驗而言，使用起來不是那麼順手。除此之外，我發現手寫能幫助大腦活動及建構、彙整思緒。

08 有靈感，立刻寫下來，寫得雜亂也可以

我平時會隨身攜帶筆記，和人見面、談話，或者看英語新聞及報紙、收聽Podcast 等影音媒體時，可能會浮現新的想法或靈感，這時，我會馬上把想法寫進筆記本，避免自己忘記。每當我碰到瓶頸時，必定會翻開筆記本尋找靈感。然後利用那些靈感，創造全新的題材。例如：

1、電子競技十分流行，希望透過音樂現場活動與其合作。
2、在紐約，喜歡喝日本酒的人增加，結合音樂會和日本酒，或許很有趣。

靈感寫得隨意（雜亂）也沒關係。因為這可能讓你猛然想起某個之前想的靈感，當你把不同的想法連接起來，就會產生出許多嶄新的想法。

哈佛教會我的社會生存力

記錄眼前的靈感。

如果認為想到的點子應該行得通，我也會當天寫進日記裡。因為我有每天寫日記的習慣，所以就算沒有翻開靈感筆記，我仍可以透過日記，再次確認靈感、想法。

此外，就算是用過的靈感，也不會就此功成身退，你可以記起來，等待其他機會和別的靈感相互串聯。

以本節開頭提到的例子來說，當時的我想，作為電子競技用的題材，或許有機會用在紐約的新音樂會系列，因此我把這點寫進筆記本裡。一年後我回顧筆記，看到以前用過的點子，便湧出從未想過的想法。

有時候，過去的靈感會讓自己嚇一跳：「一年前的我真是太天才了！」（當然也有相反的情況）。

09 除了讀書，我更喜歡讀人

溫故知新——正因為向過去學習，才能夠開啟未來。許多人因而勤勉讀書。當然，溫故知新並不是壞事，不過，我想說的是，與其向過去學習，不如向現在學習。直接和各領域的先進面對面，即時聽取他們的言論、想法，從中取得全新的資訊，也能成為加深思索的契機。

前幾天，我和某位哈佛同學見面，他在舊金山的ＩＴ業界工作，我從他那裡聽到許多關於該業界的有趣話題。

實際上，就算沒有見面，看到有趣的報導時，我也會透過 Messenger 與對方聯繫，光是這樣的情報交流，也可以發現新的靈感來源。

不過，比起透過通訊軟體對話，我認為直接與人見面、交談的收穫較大，即便有點費時也值得。

和人見面後，必然會對話交流。人在交談時，會整理腦中的思緒。甚至連自己說出去的話，也會再次進入自己的腦中，重新吸收自己發出的資訊，並更深入的理解，產生良好的循環。

但是，如果跟他人見面後，只自顧自的如連珠炮般提問，對方得不到任何好處，還可能因此不願再與自己見面。所以，要秉持施與受的精神，自己有所得，也必須讓對方有收穫，進而產生「希望抽出時間見面」的意願。

也就是說，我們必須創造出專屬自己的擅長領域，讓對方想：「只要和這個人交談，肯定能在這個領域得到某些收穫。」

如此一來，願意和自己深入交談的人會不斷增加。

增加自己擅長領域中的資產是非常重要的。

以我來說，在哈佛和茱莉亞音樂學院求學，然後在美國創業，是個出生於日本的小提琴家……這些資歷就是我的珍貴資產。

當你意識到這一點，並且有意識的加強，就能提高自己的存在價值，自然能增加全新的結識他人的機會。

哈佛教會我的社會生存力

多接觸各界的人，就能得知該業界的資源。

10 細分大目標，堆疊小成功

在哈佛，教授每星期都會出難度極高的作業，例如，你要把一百頁的論文整理成五頁要點，然後寫下自己的意見。

而且，相同難度的作業都是同一時間提交，作業數大約有四、五份。由於課程一週至少有兩次，所以作業繳交期限通常不到一星期。每週一開始就會有成堆的作業，時間很快就來到週末。學生們會哀號：「這個星期快要結束了！」不論哪個學生都會臉色鐵青的進入極限狀態。

不過，這種嚴苛狀況過了一年後，原以為無法勝任的課題，終於慢慢能應付了。直到這個時候，我才發現只要願意做，還是可以辦到。

持續挑戰極限，能力就會在不知不覺間逐漸增強。

挑戰幾乎超越極限的目標時，最基本的原則就是把大目標切割成細項工作，然後逐一突破，避免喪失鬥志。這種方式就跟解決問題的方法相同。

課題太多，學生們往往不知道該從哪裡下手而感到茫然。這時，要盡可能的細分目標。然後，從有辦法完成的項目開始依序解決，當你完成小目標後，便能體驗成功，進而提高鬥志，穩健的朝目標靠近。

切割目標也能提高思考持久力。所謂的思考持久力，就像馬拉松，一邊通過檢查點，一邊持續朝終點邁進。如此一來，就能順利的完成課題。

透過這種方法，完成超越極限的龐大目標，下次就算再碰到更棘手的狀況，便能毫無畏懼的面對，因為只要縮小範圍，就可以持續挑戰，同時提高解決問題的能力及思考能力，創造出良性的循環，也能順利解決難題。

哈佛教會我的社會生存力

拆解大目標，然後再挑戰。

11 逼出幹勁有兩招：找對手和設期限

人腦常和ＡＩ做比較，但我認為人腦和ＡＩ有三大差異。

第一個差異是，是否存在「波動」？

碰到相同的問題，ＡＩ每次都會做出相同的回答，但是，人類則會根據時間或者是場合，做出不同的回答。這就是人類特有的波動。

我們以隱藏畫（Double Image，見下圖）《我的妻子與我的岳母》（*My Wife and My Mother-In-Law*）作為例子。

《我的妻子與我的岳母》

有時候看起來像年輕女人，有時候像老女人的側臉，因為大腦腦波的關係。

這張隱藏畫，在某時，看起來像是年輕女性的側臉，但有的時候，看起來卻又像老女人的側臉。因為大腦具有ＡＩ所沒有的波動，所以每次的資訊處理，結果都會不同。

人只要休息或小睡一下，之後就容易浮現出新的靈感，這也是大腦具有波動的證據。就算重新啟動，ＡＩ絕對不可能出現與之前不同的答案。

人類大腦和ＡＩ的第二個差異，在於衝勁是否對效率造成影響。ＡＩ沒有衝勁，但人腦就不一樣，一旦缺乏衝勁，工作的處理效率也會跟著下降。就算想好好的思考，也會因缺乏集中力，導致無法順利思考。人有兩個方法可以避免陷入這種狀況，那就是設定期限，以及找值得尊敬的競爭對手。

其實設定期限也算是哈佛的風格。只要有確切期限，人就會產生衝勁，相信任何人都有過這種感受。我就讀哈佛時，有很多非做不可的作業，所以必須在每個作業期限截止前提高衝勁，以二至三倍的速度讓大腦轉動，讓自己每天都能持續的做作業。

擁有值得尊敬的競爭對手也很重要。據說，韓國花式滑冰選手金妍兒，之所以能夠在二〇一〇年冬季奧林匹克運動會獲得金牌，就是因為勁敵日本滑冰選手淺田真央。淺田真央也因有最強勁敵金妍兒在的關係，而受到刺激與激勵。

不光是運動界，學業或商業界也一樣，「為了不輸給那個人，我也要好好努力！」只要一產生這種念頭，就會湧現幹勁。可是，如若對對手抱有敵意，則會產生反效果。我們應以平常心看待勁敵，把對方當成好的競爭對手互相較勁。

以花式滑冰為例，是因為花式滑冰和音樂類似，需要兼具技術和藝術。雖然音樂競賽沒有技術評分，只有演藝評分，但花式滑冰則要評分這兩者。

演藝評分會因為評審的主觀或喜好而有不同，不確定的因素比較多，但在這同時，只要能夠成功展現出技巧，就能在技術評分拿下高分，影響勝敗。光是這一點就足以使選手在正式上場時繃緊神經。

成功的關鍵就在於，如何在正式上場時，讓自己的身心狀態維持在最高峰。

花式滑冰選手羽生結弦在比賽前，會保持高度集中力。當我看到他在正式比賽做出高難度跳躍時，我都告訴自己，要像他一樣，正式上場仍保持緊張感跟集中力。

以花式滑冰來說，在練習時，就算做出再怎麼華麗的四周跳（按：花式滑冰的主要技術動作之一，為高難度動作），如果正式上場時做不出來，就無法拿到分數；音樂也是一樣，就算在練習時，彈奏出多麼困難的小節，一旦在正式上場失誤，就稱不上完美。

即便有一點失誤，仍要迅速做出反應，避免繼續出錯，這是非常重要的，所以每次看到花式滑冰場上，一度跳躍失敗的選手，利用下一個跳躍，讓自己挽回局面的堅毅模樣，我都感到十分敬佩。儘管花式滑冰和音樂屬於不同的專業領域，不過，對我來說，他們也是好的競爭對手。

哈佛教會我的社會生存力

找到好的競爭對手。

12 放空不是偷懶，是讓大腦重新啟動

若是持續集中思考，有時腦袋反而會打結，無法構思出好的靈感。

AI不論工作幾個小時，效能都不會改變，但是，一旦人腦開始疲累，思考也會跟著下降。這就是大腦和AI的第三個差異。

當腦袋打結時，索性讓腦袋放空，通常過一段時間，重新啟動大腦後，新的靈感就會不斷浮現。

就我來說，當我覺得腦袋快要卡住時，用手機計時十分鐘，在那段時間，我會透過 Instagram 或 YouTube 等平臺，看可愛的博美犬或小貓影片，讓自己好好的放鬆。

經過十分鐘的放鬆之後，重新集中精神。這麼一來，就能斬斷原本已經陷入膠著的思緒，產生全新的觀點，或是看到解決方法。

我還在念哈佛時，每到逼近交作業的日子，我常熬夜到半夜三點，甚至是凌晨五點。

那個時候，如果自己一個人窩在宿舍房間裡面，腦袋很容易當機，所以我會約朋友一起去圖書館或到餐廳（哈佛的宿舍餐廳是二十四小時開放，還免費提供熱咖啡和貝果等餐點）做作業。

和朋友一起讀書，不僅能互相激勵，還可以適度的放鬆神經，其實十分有效率。例如：當我覺得腦袋開始打結時，我會晃到朋友旁邊問：「情況怎麼樣？作業寫到哪裡了？」光是這樣提問，也能轉換心情；如果感到有睡意、想放鬆，我也會拜託朋友：「我小睡十分鐘，等一下可以叫我起來嗎？」因為用手機鬧鈴，會讓同在圖書館的其他人感到困擾，所以我請朋友叫我起床。

另一方面，當我有靈感或作業做得正順手時，我會乾脆不休息，一口氣完成課題，這樣更能提高效率。

練習小提琴也是一樣，每當音樂會的時間逼近，只要想著「該是時候來場完美演出了！」我就會動力全開，不論是兩小時或三小時，我都能毫不間斷的持續練習。

該休息，又或者應該集中全力，都必須依照當下的情況隨機應變，才能避免思考的效率下降。

哈佛教會我的社會生存力

好好休息，讓腦袋放鬆，以提高效率。

13 所謂的理解，就是能用大白話講專業

在我的印象裡面，越聰明的人，越不會使用艱澀的詞彙，說話能力也很強。說到日本的艱澀詞彙，應該就是還沒有普及的外來語，以及源自於中國古典的漢字詞彙；美國的艱澀詞彙，應該是平時較少使用，源自於希臘語或拉丁語的詞彙，或是特定領域的專業用語。

哈佛學生很少使用所謂的艱澀詞彙。如果是無法換成其他說法的專業用語，或是和相同專攻的夥伴、教授討論專業，則另當別論，如果在那些以外的時機，使用艱澀的詞彙，聽者可能會認為說者「裝腔作勢」，於是草草結束對話。

我認為使用簡單詞彙的原因有兩個。

一是，希望盡可能淺顯易懂的傳達內容。另一個理由是，如果對方聽不懂，還必須花時間解釋，反而浪費彼此的時間。

直接使用艱澀詞彙的人，看似十分聰明，但實際上，或許他本人根本完全不了解內容。如果真的希望讓某人理解談話的內容，應該像日本劇作家井上廈所說的：「讓困難的事物變得簡單，讓簡單的事物變得有深度，讓有深度的事物變有趣。」盡可能用淺顯易懂的詞彙，傳遞談話內容。

真正聰明的人理解力高，就算不使用艱深的詞彙，仍然可以用簡單、淺顯的詞語，來傳達想法。如果不用難懂的詞彙，就沒辦法說明談話的內容，或許就證明了說者不夠理解本質。

我覺得在能用簡單詞彙淺顯傳達說話內容之前，只要試著向下深入挖掘，進一步深入理解就夠了。

哈佛教會我的社會生存力

能簡單易懂的說明，才是真正理解談話內容。

14 在哈佛，沒有「正確答案」

雖然日本學校的考試有理所當然的正確答案，但自從我來到美國及就讀哈佛之後，接觸到許多當地文化和思考方式，我才發現世界上充滿了不知道何謂正確答案的事物。

最重要的關鍵是，向他人敞開心扉，接受他人意見的意識提高了。隨時敞開心扉，更成為我的人生座右銘。

不論在哪裡，總有很多人認為自己是對的，所以會下意識否定對方的意見。或許本人無意冒犯，也沒有半點惡意。但是，有些人總習慣一開口就說出「不對」、「可是」之類的否定字眼。其實這樣的人並不算少，可能是因為他們沒有察覺，一味的深信或是堅持自己的立場。

若要避免故步自封，最重要的事情就是，應該隨時敞開心扉，讓視野更加遼闊，不要堅持自己的理論。如此一來，就會像深呼吸般，吸入新鮮的空氣，自然湧現出自己未曾有過的全新思維。

只要採納各種不同的意見，培養更柔軟的身段，就能產生接受不同想法或意見的胸懷，同時也能有全新的發現。

哈佛教會我的社會生存力

不馬上說「不對」、「可是」，先聽聽他人的想法。

15 這裡的天才不會忌妒另一個天才

我認為敞開心扉的第一個步驟，是隨時注意傾聽對方的意見。關於這一點，在哈佛和茱莉亞音樂學院是兩種截然不同的情況。

哈佛聚集了各種領域的天才。不同領域的傑出人才齊聚的環境裡，自然會產生一種相互尊重的氛圍。數學天才不會嫉妒文學天才，反之亦然。他們會對彼此的領域充滿好奇，且試圖向尊敬的對象聽取意見。

尊重對方是最基本的原則，所以在哈佛，幾乎沒有人會堅持個人意見，還單方面逼迫對方接受自己想法。他們認為不同的思維也十分有趣，於是放寬心聆聽他人的聲音。

相對之下，聚集在茱莉亞音樂學院的人幾乎被封閉在音樂世界裡。音樂追求個人世界觀，所以很少人在聽到不同世界觀的人的演奏後，坦率的敞開心扉，誠實的給予誇讚。

就這種意義上來說，比起茱莉亞音樂學院那些秉持藝術家氣質、在音樂領域裡苦心鑽研的學生，求知欲強烈的哈佛學生似乎更能靈活思考。

在國際社會裡，不同文化背景下成長的人們有許多機會能頻繁接觸。這時只要敞開心胸，盡可能和更多人接觸，便能大幅度的刺激知性。

日本逐漸重視多民族、多文化的多樣性。因為擁有相同背景的日本人，就算再怎麼努力交換類似的意見，也很難激盪出令世界感到驚奇的創意或靈感。

在多元化的環境裡，重要的是放寬心胸。把不同文化、社會背景納入考量，且不帶有任何偏見，接納差異帶來的全新靈感，就能為自己帶來創新的契機。

哈佛教會我的社會生存力

別固執的認為自己一定正確，多聽他人意見。

16 從考試到住宿，哈佛會刻意的多元

哈佛十分重視（人才的）多樣性。

因此，為避免募集到相同的人才，哈佛的入學考試會刻意挑選國籍、性別、個性、專業領域各不相同的學生。

二〇一八年曾有亞裔學生提起訴訟，指控哈佛入學考試歧視亞裔學生。對方提出一個根據是，在考試成績相同的情況下，相對於白人錄取率三五％、西班牙裔七五％、非洲裔九五％，亞裔美籍的錄取率僅有二五％。

可是，在哈佛的入學考試中，考試成績只不過是其中一項判斷標準。

事實上，除了考試成績，還會加上學生在運動或音樂等學術之外的科目或志工活動，以及以面試為基礎的個人評估等全面性表現，刻意募集更具獨特性格的人才。

此外，哈佛原則上採住宿制。而我就讀的哈佛學院（按：Harvard College，現隸屬哈佛大學文理學院，是哈佛大學僅有的兩所頒授本科學位的機構之一）是四年制，平均一個年級約有一千六百名學生，四個年級共計超過六千四百名，都是住宿。

一年級居住在被稱為「大一圓頂」（Freshman Dome）的小型宿舍。大一圓頂共有十五棟建築，位於大學主校區內。

入學前，校方透過問卷調查，如有「喜歡跟大家一起打鬧，所以希望住八人房」、「希望可以安靜讀書，所以想要單人房」等選項，就連想要的室友類型，如「自己屬於認真類型，所以希望和很少參加派對的人住一起」、「希望和興趣契合的人住一起」，校方都會詳細調查。

甚至，還有「讀書期間喜歡聽哪種類型的音樂？」、「請詳細說明自己的個性」、「起床和睡覺的時間？」等十分細微的提問項目，校方根據回答，做出最佳的匹配。

哈佛教會我的社會生存力

不只看成績，要刻意接觸不同的人才。

我住的第一間宿舍是三人房，和德裔美籍、法裔美籍同住。房間裡有共用的客廳、兩間房間。其中一間房間有上下舖，由兩個人同住。為了公平的使用單人房，我們三個人每隔幾個月就會換一次房間，以民主的方式決定使用哪間房間。

大一生的房間之所以由校方負責分配，主要是為了防止宿舍發生任何種族歧視之類的問題。

和個性獨特的同學們一起在宿舍裡生活，免不了接觸到各種不同的想法或是價值觀。那些經驗不僅讓我的視野變得更遼闊，同時，也讓我學會從不同的角度去思考事物。

17 哈佛校友的共通語言：「你之前是哪間宿舍的？」

大學二年級開始，學生必須搬到距離大學中心約十五分鐘路程的宿舍。這邊的宿舍每棟可入住約四百人，被稱為「家族」（House）。家族共有十二棟，其中，我在大二入住的宿舍，被稱為登斯特家族（Dunster House，見下圖）。

大二之後的宿舍提供了許多住宿方案，如單人房、雙人房、三人房等，大家可依照喜好，依學年順序、抽選順序來挑選。我因為有希望同住的朋友，所以大二選了三人房，大三和大四則選擇雙人房。

我在大二開始居住的登斯特家族。

除此之外，家族每星期都會舉辦一次名為「Study Break」的活動。宿舍裡的學生會圍繞在擔任舍監的教授身邊，一手拿著咖啡，一邊品嚐師母烘烤的餅乾或蛋糕，藉此加深彼此的情感。

透過數次的活動和聚會，居住在同一個屋簷下的四百個人，就會逐漸建構出深厚羈絆。

順帶一提，每間宿舍都有專屬於自己的吉祥物，透過吉祥物，也能加深彼此的情感羈絆。例如，登斯特家族的吉祥物是駝鹿，所以舉辦活動時，我們有時會穿著畫有駝鹿插畫的衣服，有時則是把駝鹿的角戴在頭上。

即便到了現在，只要碰到同是哈佛畢業的人，大家最先問的第一個問題，絕對不是主修什麼或是其他，而是問「你之前是哪間宿舍的？」

畢業之後，有些宿舍舍友們會彼此保持聯繫，進而成為有力的珍貴人脈。

家族本身會形成一個小型的社區，舉辦運動比賽、季節活動等課業以外的各種活動，而在家族外面，幾乎所有人都有參加某些學校規模的學生組織。

儘管參加什麼組織並非是義務，但是對於什麼都想嘗試的哈佛學生來說，同時加入多個組織團體的情況，卻一點都不稀奇。

以我自己當作例子，我總共參加了四個組織團體：我是學生歌劇製作的製作人、弦樂合奏團的社長，此外，我還參加美國最古老的學生樂團哈佛・拉德克利夫交響樂團（Harvard Radcliffe Orchestra），以及介紹日本文化的日本社區（Japan Society）。

這些學生團體從活動資金的籌集開始，乃至建構組織、幹部選舉、與相關人士交涉、現場的活動舉辦，全部都由學生們自行處理。許多哈佛人會在畢業之後創業，而推動這種學生團體或組織，其實跟創業的過程十分類似。

透過那些活動，自然能學習有利於創業或商業的領導能力與團隊默契。

在活動過程中號召夥伴，就是展現領導力的絕佳機會；和各種國籍或文化背景、性別不同的獨特夥伴們合作，則需要具備同理心和團隊默契。

工作並不是獨自一人的事，而是多人合作的團隊工作，也就是說，**領導力和**

團隊默契，在職場上是絕對必備的要件。透過學生團體活動所培養的這些能力，在之後的商業環境中也能派上用場。

哈佛教會我的社會生存力

多參加學生活動，以培養領導能力及團隊默契。

重點整理

決定最終目標後細分，並設定期限。

把該做的事寫進待辦事項清單。

即便是小問題，有疑問就該深究到底。

試著把想法寫在筆記上，不要用手機記錄。

不要否定他人意見，先試著接納。

第三章

學業、社交、睡眠，哈佛人只能選兩種

18 把一項工作，專注成好幾個五分鐘

五分鐘集中法——在單一工作上專注五分鐘，然後必定完成工作。這是我從小實踐的習慣之一。以單純的計算來看，只要這個方法重複十二次，等於集中一個小時。這招是有效解決當日工作的強力武器。

其實也未必非五分鐘不可。因人而異，也可以設定為三分鐘或是七分鐘，不過，就我個人來說，我覺得五分鐘最能夠集中專注力。

即便是哈佛入學考試的考前準備，也同樣適用。我細分該做的事情，然後以五分鐘為一個單位，逐一擊破工作，最終順利考上這間學校。

不管是工作、學習或是私事，不論是多麼龐大的工作，只要運用五分鐘集中法，就可以有效率的完成。

此外，我們生活周遭有太多因素擾亂集中力，如 YouTube 或 LINE、各種網

路資訊等。

我建議你可以利用手機計時五分鐘，並在那段期間無視手機通知或電子郵件。就算有任何人主動找自己談話，也要打斷對方，說：「再等我兩分鐘。」總之要在這五分鐘全神貫注的做事。

我高中在背英語單字時，我也會這麼告訴自己：「好！下個五分鐘要背五十個英語單字。」讓自己集中注意力。此外，我練習小提琴時同樣以五分鐘為練習單位。

因為，人如果長時間持續做相同的事，集中力就會慢慢降低。

每次只集中五分鐘，換句話說，就是分割工作，且處理一個工作不超過五分鐘。如果你發現自己會浪費時間玩手機遊戲或上網的話，就用計時器，試著每次集中五分鐘（三分鐘、七分鐘也可以）。

快樂的時光流逝得很快，所以一定要自發性的養成切割時間的習慣。

前幾天，我和住在紐約的鋼琴家與大提琴家夫婦，正好談到五分鐘集中法。

結果，他們說：「我們也是用這種方法！」著實令我驚訝萬分。

有趣的是，他們碰到比較難演奏的樂章時，會乾脆把時間設定成四分鐘，他們說：「這是為了防止過分專注，而練習過多。」他們會在計時器響起時，停下動作，讓自己轉換心情。

我很建議大家採用這種方法，根據自己的習慣劃分時間，在設定的時間內，專心處理事情。

哈佛教會我的社會生存力

長時間作業，反而無法提高成果。

19 一天一次冥想，絕佳的腦部體操

據說，人出生後最早養成的習慣是刷牙，之後才逐漸累積各種習慣。過了三十歲之後，生活中的絕大部分行動，都會變成習慣。

習慣的好處，不用大腦思考，就能有效的行動，但另一方面，卻產生一個缺點：因為每天重複相同的事情，所以馬虎了事。

我在某篇英語報導看到這麼一句話：「刷牙要在刷到累之前，先從重要部位開始刷起。」我從沒有用這樣的觀點思考怎麼刷牙，現在想想，或許是習慣讓人們隨便完事。

不管是刷牙或伸展運動，計時三或五分鐘，或許有助於短期集中。

聽說明治大學教授齋藤孝會一手抓著計時器，一邊說話。也就是說，他藉由分割時間，在時間內專注談話。我覺得這種想法和五分鐘集中法十分相近。

大腦的重量僅占全身重量二%左右，但是大腦所消耗的熱量，卻是全天總消耗熱量的二〇%。因為思考很耗費體力，所以為了避免浪費體力，大腦會盡可能節省思考時間。

美國的哲學家約翰・杜威（John Dewey）說：「人類是習慣性的生物。」原因或許就在於大腦企圖節省思考時間。

只要養成習慣，就不須耗費體力來思考，就像刷牙一樣。

自動駕駛的電動汽車（EV）在不久的將來，會自動把乘客載到目的地，駕駛完全不須思考任何事。同樣的，不需要人動腦思考，今後會有越來越多領域，利用AI代替人處理各種事物。

可是，如果放任自己隨著社會的進化隨波逐流的話，大腦會逐漸衰退。

為了提高自己的存在價值，試著把思考化為一項工作，以五分鐘為單位（當然，三分鐘或七分鐘也可以，只要符合自己習慣就可以了），規畫出「與自己面對面」的時間。

哈佛教會我的社會生存力

一天一次冥想，刺激大腦。

不少國家流行冥想（按：讓思考沈澱的過程，透過專注當下，使身心狀態有了改變），不管是面對自身相關的簡單疑問、回顧一整天的經驗，或是工作上的新企劃構思等，只要利用幾分鐘來整理自己，就可以讓大腦更加靈活。

吃完飯之後、泡澡時，或者是睡覺前，什麼時候做都可以，只要一天一次，這個動作就能成為絕佳的腦部體操。

對我來說，這五分鐘相當於日記，與自己面對面，可以刺激每天的生活，所以我十分珍惜這段時光。

20 比起寧靜的教室，有人聲的餐廳讓我更專心

希望想出好點子、寫出創意企劃，或讓工作有所進展時，最重要的是，找出讓自己更容易集中精神的場所、時間、環境。

這三種要素因人而異，接下來，我以個人的情況來做介紹：

・場所：重點是找到自己喜歡的地方

比起獨自窩在房間或在寧靜的場所靜靜思考，對我來說，在有點吵的地方，反而更容易整理思緒。或許是因為我從小習慣和父母一起待在客廳，總是坐在大桌子旁邊讀書的關係。

我在哈佛讀書時也是一樣，比起寧靜的教室，在餐廳裡面，把旁人的對話當成背景音樂，對著電腦思考，反而更能夠集中精神。

相信有人跟我相反，喜歡安靜的環境。因為每個人的喜好各不相同，所以不論是書房、餐廳沙發、通勤電車、圖書館或是咖啡廳都可以，重點是要處在自己喜歡的場所。

我推薦的思考地點是，下班回家的捷運或巴士。

在回家路上，儘管幾乎完成當天的工作，不過，因為這時候大腦還處於工作模式，尚未切換成放鬆模式，正好適合用來深入思考。

眺望捷運的車內廣告或巴士窗外的風景，有時也可以帶來意想不到的靈感。然後，在還沒有忘記靈感之前，快速的把它記在筆記本或手機裡。

・時間：不善於早起，就運用夜貓作息，提升效率

我很不擅長早起，屬於夜貓子類型。早上起床時，還有點困倦，所以不適合思考任何事物。而且，每天一早，會陸續收到朋友、工作夥伴傳來的電子郵件或社群平臺的訊息。為了處理那些訊息，思緒會不斷的被打斷，也無法平靜的集中思考。

早上起床之後，我會先確認前一晚寫好的待辦清單。有時也會在前一天未能完成的工作上，追加新的工作。

我在早上確認工作後，便在腦中稍微排列執行工作的順序。

另一方面，天黑之後，電子郵件或社群平臺的訊息會減少，因不被這些事情影響，我更能深入整理自己的思路。

我不擅長早起，所以不論當天忙到多晚，我都會想辦法完成當天應該做完的工作，然後再上床睡覺，這是我在哈佛時期養成的習慣。

即使到了現在，我仍維持這個習慣。

因為完成所有工作的夜晚，可以在放下肩膀重擔後，讓自己澈底放鬆，也能更從容的思考。因此，對我來說，夜晚是最適合思考的時間。

我念大一時，宿舍室友正好和我相反，她是典型的早鳥一族。

她一大早就起床，大約六點外出跑步、去健身房，然後，回宿舍沖澡，接著再去學校上課。

我曾向她學習早起，可是，完全無法提升作業效率。除了早上老是打盹，也會因為距離夜晚還有很長的時間，而放鬆警惕，作業效率反而變得更差。

以我的情況來說，晚上熄燈就寢，等於為當天劃下句點，那個句點可以激勵我提高集中力，讓效率瞬間躍升。

早起時，可能因為「離中午還有六個小時」而懈怠，但如果是晚上，則會焦急的催促自己，「還剩三十分鐘，再不上床睡覺，明天就慘了！」

我不認為早起跟晚睡有分好壞。關鍵是釐清自己究竟屬於哪一種類型，並培養出在最佳時間思考的習慣。

・環境：桌子、房間隨時保持清潔，讓下個動作更容易開始

思考時，我認為處在整齊的空間中是最好的。我的書桌上不放置任何物品，這也是我從小養成的習慣。

前文提到，我小時候不是在自己的房間讀書，而是在客廳的大桌子讀書。讀書時，我從書包裡面拿出課本和鉛筆盒，攤放在客廳的桌上，讀完後，把東西收回書包。沒讀書時，客廳桌上沒有擺放任何物品，顯得非常乾淨。這個習慣至今仍沒有改變。

書桌或房間維持乾淨整齊，你更容易展開下一個動作。

舉例來說，把房間收拾乾淨後，有些人容易產生這類的想法：「如果鋪上地墊，就能馬上做瑜伽或伸展運動吧。」

反之，當房間凌亂到連踏腳的地方都沒有，光是尋找鋪地墊的空間，就很費力，必須在做瑜伽前，先把房間收拾乾淨。

同樣的道理，如果書桌空無一物，就能輕鬆的擺放資料，於是更容易展開工作或開始讀書；假設桌上堆滿雜誌或小物品，得加以整理，才能確保作業空間，在整理之前，你的衝勁可能就被澆熄。

如果開始進行某事時，要先克服另一個障礙的話，那麼幹勁會被削弱。所以只要有一點時間，我就會花五分鐘，快速的收拾乾淨。

哈佛教會我的社會生存力

找出適合自己的場所、時間、環境，以提高效率。

21 壓力大的時候，我就先整理環境

房間經過「KonMari」（整理）而產生空間後，精神也會變得舒坦、輕鬆。

其實 KonMari 是以整理諮詢顧問而聞名的近藤麻理惠。她的著作和在 Netflix 播放的節目《怦然心動的人生整理魔法》（*Tidying Up with Marie Kondo*），在美國相當火紅，其知名程度甚至讓她的暱稱 KonMari，成為收納整理的代名詞。《怦然心動的人生整理魔法》和由艾米．波勒（Amy Poehler）、艾倫．狄珍妮（Ellen DeGeneres）等超大咖藝人，擔任主持的知名節目齊名，同時獲得第七十一屆艾美獎的兩個獎項提名。

在該節目裡，近藤麻理惠親自造訪同性戀情侶、大家族、剛喪夫的寡婦等，各種不同背景的住宅，幫屋主把房間整理得乾淨又整齊。節目的結尾就是住戶流著淚向近藤麻理惠道謝。

我認為那些淚水，不只感謝近藤麻理惠幫忙整理、收納了凌亂的房屋。雜亂、未經完善收納的房屋，其實也在不知不覺間，讓住戶內心堆積不少心理壓力。尤其，不知如何處理充滿回憶的物品的壓力，會在心裡反覆堆疊。這些壓力經整理而消失，換句話說，淨化了心靈。這麼一來，人就能更加從容的面對自己。也因此改善夫妻或親子關係，或許這才是讓住戶感動落淚的主因。

除此之外，收拾房間或書桌之後，就物理層面而言，不僅更容易存取必要的資訊，同時也淨空大腦，使人變得更容易集中思考。

不過，一次打掃整間屋子十分費力，所以我會利用五分鐘集中法，在平日的些許空閒時間裡，一點一滴的整理、收納。

哈佛教會我的社會生存力

每天都抽出一點時間整理周邊環境。

22 在哈佛——地頭力比滿分重要

在日本，說到所謂的聰明，大家聯想到的往往都是高偏差值（按：利用統計算出來的數值，用來推估學生的學力）、考試總是滿分的人。

相對之下，所謂的「地頭力」，指的是腦袋的靈活度。舉例來說，透過網路或電視，看搞笑藝人的反應時，大家是否曾想：「這個人的反應真好！」這就是指地頭力。

在美國，聰明寫成Smart。這個單字並沒有特別區隔聰明和地頭力之間的差距，所以我非常喜歡美國的用法。因為在日本被貼上「愚蠢」標籤的人，其實很多人都很Smart（地頭力很好）。

我就讀公立中學時，當時有個朋友，考試分數中後段，總是衣衫不整，經常在晚上外出遊玩。

在日本社會上，這樣的人或許會被看作是笨蛋，不過，我當時卻覺得「這個人地頭力很好」。

因為她解決問題的能力非常強。

雖然她不擅長數學的計算問題，但是，對於日常生活的疑難雜症，她總是有辦法找到同學不曾想到的方法去解決。

她好奇心旺盛，每次碰到什麼問題，她都會提問，希望找出答案。此外，她溝通能力也很好，回應都相當敏銳。她擅長辯論，在課堂上偶爾會對老師做出令人意想不到的吐槽，讓班上的氣氛變得十分熱絡。

在現在的社會中，未必唯有高學歷才能成功。

以企業家為例，即便學歷只有高中，考試成績也很差，仍可能靠著絕佳的反應，在事業上大獲成功，那樣的案例並不少見。

相反的，礙於高學歷的尊嚴，而不願意挑戰全新事物，反而容易導致失敗。

當你踏出國土之後，單靠國內的高學歷頭銜是沒有任何幫助的。

我覺得就像我中學時的朋友那樣，擁有解決問題的能力、好奇心、溝通能力等地頭力優秀的人，反而更適合這個追求創新的時代。

雖然之後我沒有再和她繼續聯絡，不過，搞不好她現在正在世界的某個地方大放異彩。

哈佛教會我的社會生存力

只看學歷並沒用，培養地頭力才是在新時代生存的關鍵。

23 我們沒有特別聰明，是被教授逼出來的

有些人認為地頭力天生的，無法靠努力來提升。

其實，我在哈佛充分鍛鍊過地頭力，所以我覺得地頭力可以靠後天提升。

在哈佛，不論哪個課程，教授都會出大量的作業，所以學生的腦袋每天都超高速的運轉。在那樣的日子裡，我發現自己的大腦處理速度，在不知不覺間提高了許多。

比起電腦的中央處理器（CPU）不論怎麼使用，處理速度都不會提升，人腦使用越頻繁，能力提升越高。

哈佛學生有很強的地頭力，與他們置身在相同環境，相互切磋、琢磨之後，感覺腦袋的運轉次數也跟著提升。

「環境會使人改變。」這句話說得一點都沒錯。

若要解決難纏的課題，只要讓自己置身於超越個人極限、逼迫自己使用大腦的環境，就可以鍛鍊地頭力。

如果你是個商業人士，若要讓自己處在更嚴苛的環境裡，就可以勇敢的選擇轉職，到走在時代前端的初創企業。如果覺得轉職作法太過激烈，只要公司的制度完善，也可以考慮透過企業留學，到其他企業工作，或是利用公司經費留學，前往國外的研究所研習。

或者，試著改變當天的工作排程。

根據我過去的經驗，那些不加班就沒辦法完成的工作，只要限制自己在下班前完成，然後運用「五分鐘集中法」，就可以有效提升大腦處理速度。

如果是家庭主夫或主婦，可以藉由改變時間的利用方式，想辦法提高效率，以增加自己的時間。

只要在這方面下功夫，你會感受到大腦CPU性能不斷提升。

如果是學生，或許可以像過去的我一樣，索性不要去上補習班，試著找尋在家裡有效自學的方法。改變自己的所在環境，提高思考的效能之後，就可以藉由一些小技巧提升自己的地頭力。

哈佛教會我的社會生存力

讓自己處在更嚴苛的環境裡，有效提升大腦處理事物的速度。

24 常看國際新聞，開眼界

無論再怎麼提倡全球化，只要身在日本，就很難掌握到實際的狀態。

例如，在全球引起熱議的ＬＧＢＴ文化（按：女同性戀者〔Lesbian〕、男同性戀者〔Gay〕、雙性戀者〔Bisexual〕與跨性別者〔Transgender〕），性別歧視的問題比以往更受到重視。

足球世界盃獎金因男女不同而有懸殊差距，曾經引起女性選手們的不滿聲浪。抗議之後，國際足球聯盟（ＦＩＦＡ）被迫替女子足球Ｗ杯的獎金加碼。

另外，在二〇一九年女子足球Ｗ杯獲勝的美國足球隊的隊長，正式公開聲明自己是女同性戀者。

音樂界也一樣，在美國管弦樂隊裡，位居相同位置的長笛演奏家，卻會因性別而有著不同的薪資待遇，女性因而透過訴訟爭取權益。

或許你曾看過這種狀況，有人會若無其事的詢問女性：「妳喜歡的男性類型是什麼？」或是「妳有沒有男朋友？」直覺的認定，女性就是喜歡男性。如果在國際場合做出那樣的言論，馬上就淘汰出局。就算因此被認定自己是個沒資格生存在國際社會，漠視全球性課題的人，也是無可奈何的事。

人種問題也一樣。如果有「黑人跑步比較快」或「亞洲人比較擅長數學」之類的刻板印象，就無法參與全球性的議題。

事實上，國外常有人認為，許多日本人無視全球化且充滿偏見。

在日本政治界或是商業界的行政管理階層中，至今仍然只有少數女性，這一點也值得注意。

我曾在國外的留言板上看到一個問題：「我是拉丁美洲人，這次打算去日本旅行，請問應該注意什麼事情？」面對這種提問時，有人這樣回應：「日本是帶有刻板印象的國家。他們肯定認為『拉丁美洲人是非常熱情的』。」

雖然「日本＝刻板印象」，這樣的看法也是一種偏見。

我們應該以全球性的觀點去看待所有事物，並且從多個角度去思考。如果不那麼做，就會被僅適用於自己國家內的常識同化，思考可能因此加拉巴哥化（按：Galapagosization，日本的商業用語，原指在孤立的環境〔日本市場〕下，獨自進行最佳化，而喪失和區域外的互換性，和來自外部〔外國〕適應性〔汎用性〕和生存能力〔低價格〕較高的品種〔製品或技術〕相比，最終陷入被淘汰的危險中）。

在二〇一九年，日本退出了國際捕鯨委員會（按：International Whaling Commission，簡稱ＩＷＣ。成立目的是為了維護鯨群的數量，以期捕鯨工業之永續發展），決定在專屬經濟海域重啟商業捕鯨。

我周遭的朋友聽到這則新聞後，都十分震驚，有人甚至在推特（Twitter）寫下抗議貼文：「雖然我買好在日本舉辦的世界盃橄欖球賽門票，不過，看到日本決定恢復捕鯨的新聞之後，我決定不去日本了！」

在環境汙染和氣候變遷已成為國際性課題的時刻，不惜退出ＩＷＣ，仍要舉國獵捕、食用有助於減少二氧化碳的鯨魚，確實湧現出許多質疑聲浪。

國外素食者之所以不斷增加，也是因為擔心肉食主義，可能加速環境汙染和氣候變遷。

如果對性別差異、人種差異、環境汙染、氣候變遷等全球話題默不關心，缺乏個人意見的話，就全球觀點來看，是非常負面的。

試著察覺事實，不光只是國內，也要把目光投向國際新聞，試著對外交流。

此外，用日語閱讀國外新聞，其報導的內容不是帶有偏見，就是已經過時。

我認為，想知道最新的話題或者是感興趣的話題，應搜尋英文新聞或資料並解讀。

哈佛教會我的社會生存力

不能只想著國內的事，隨時關注國際新聞，打開眼界。

25 創新，都是起源於某種不滿

在現代，創新改革是全球企業家的最大動力。

簡單來說，創新改革就是創造出未曾存在於世界的事物或全新價值，同時讓我們的生活以及整個社會，變得更加便利、富饒。

我認為，所謂的創新改革源自於希望消解某種不滿情緒，誠如「需要為發明之母」。

舉例來說，一八五八年出現附帶橡皮擦的鉛筆，其發明者是美國畫家海門．利普曼（Hymen Lipman）。

因為他經常在素描時弄丟橡皮擦，為了解決這個問題，便有了讓鉛筆和橡皮擦結合的點子。可惜的是，因於附帶橡皮擦的鉛筆並非是劃時代的發明，所以海門無法獲得專利許可（按：原本海門因把橡皮擦嵌在鉛筆尾部，而取得了一項專利，但後來這種附有橡皮擦的鉛筆，被判定為「只是把兩項已有的東西嵌在一起，所以不是新產品」而被取消專利），但是，他的想法為使用者帶來更多便利，卻是無庸置疑的。

像橡皮擦和鉛筆那樣，把現有物品加以組合的發明方法，就取自他的名字，被稱為「海門法」（Hymen）。

每個人或多或少都會有不滿。若是換個說法，就代表任何人都有創新改革的機會。我認為差別就在於是否有深入思考。

哈佛教會我的社會生存力

把不滿當成創新的契機。

26 邏輯性思考和批判性思考都重要

我想應該很多人認為自己不擅長處理數字。

但其實不擅長處理數字的人，大多不是真的不擅長處理數字，而是不擅長邏輯性思考（Logical Thinking）——以合乎邏輯的方式思考事物，藉此尋求問題解決方法。邏輯性思考的基礎就是掌握事實（見下圖）。

如果平時沒什麼機會進行邏輯思考，就無法提升解讀能力。也因此才會認定自己或他人不擅長處理數字。

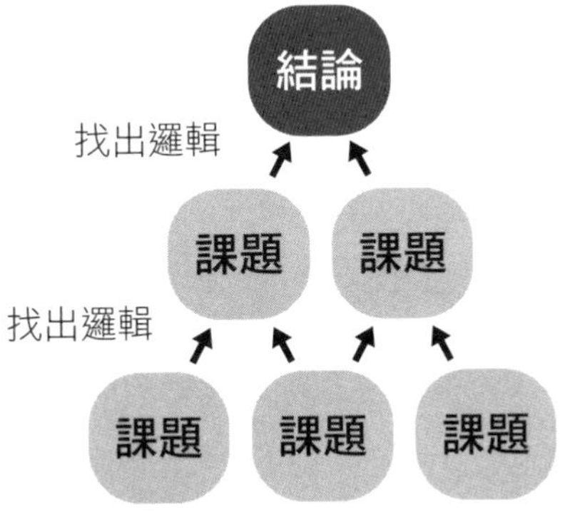

邏輯性思考

客觀看待複雜的課題，梳理出沒有半點矛盾、合乎邏輯的思考法。

一旦習慣邏輯思考，對數字的敏感度就會提升，理解能力也會在不知不覺間變得更強。

基本上，不論是日常生活或是職場，都離不開數字。例如，以五〇％這個數字來說，應該解讀成「只有五〇％」，還是「多達五〇％」？這個時候就應該溯及數據的來源、背景，以符合邏輯的方式思考。

如果不那麼做，就會誤解數字本身的含意。

認定為事實的數字或數據，也可能在事後發現其實是錯的。所以事實查核（按：Fact Checker，指針對聲稱是事實的內容，為了確認其真實性及正確性而進行確認）是不可欠缺的一環。

你可以先檢查資訊來源是否值得信賴，一邊交叉查核多筆資訊來源，一邊驗證事實。尤其在網路世界裡，很多人直接或間接轉貼一些內容，沒有標示出處，更容易難以判斷對錯，所以在參考網路資料時，更應該小心求證。

除了邏輯性思考，還須批判性思考（Critical Thinking）。

有時即便打算有邏輯且客觀的思考，可是找到的資訊中，仍可能存在沒有被察覺的偏見，也就是說，資訊裡面藏著某些偏頗的觀點。

所謂的批判性思考，就是對資訊抱持懷疑的態度，一邊進行驗證，一邊深入思考。

如果下意識認定「自己是正確的」，就無法找到真正的結論。而且，這樣的想法只會使思考變狹隘，最終就會作繭自縛。

有時試著徵詢旁人的意見，或驗證自己是否有「自己是對的」傾向，總之，盡可能環顧整體，客觀的看待自己才是最重要的。

除此之外，閱讀可以有效培養批判性思考，因為閱讀的同時，能

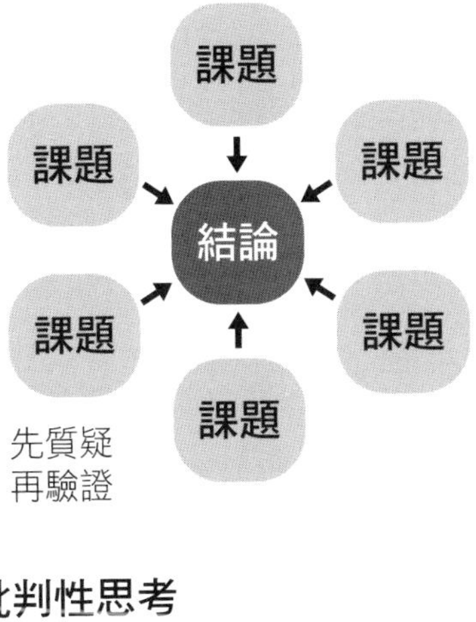

批判性思考

以「是否正確」為前提，深入思考，再逐一解決課題的思考法。

透過作者的觀點，來驗證自己的想法。

我不是熱衷閱讀的人，不過，當我碰到困難時，閱讀卻可以幫我打開「第三方開關」（見一八九頁）——以完全陌生的第三視角客觀的看待自己。

當你的想法碰到瓶頸時，請嘗試站在第三方的角度去看待事物。

你會發現原本認定為正確的事物，或許存在其他不同的觀點，這時，你的想法會變得更加靈活。

站在第三方角度時，最好的做法是坦率面對。你該做的不是堅持己見，或是按照自己的意願，改變解讀方式，讓解讀結果呈現自己想要的意見。

只要巧妙的運用邏輯性思考和批判性思考，你可以更順利的解決問題。

哈佛教會我的社會生存力

懷疑任何找到的資訊。

27 大腦的能力有限，不要放進多餘資訊

人的腦容量十分有限。如果在有限的空間內，放入多餘的資訊，會使大腦的處理速度變慢，效能下降。

電腦或智慧型手機，可以藉由刪除不要的檔案，來減少系統上的數據用量，但是，大腦沒辦法這麼做。所以要有效使用大腦的方法，就是避免把多餘的資訊放進大腦裡。

例如，上網或閱讀雜誌時，先快速的掃過標題。直接略過不感興趣的文章。許多網站上的文章，擅長利用聳動的標題來引起讀者的興趣，然後大量上傳與內容無關的文章。結果，即便是標題看似十分有趣的文章，也很難讓人放心閱讀。

讀了導言之後，如果覺得標題看似有趣，但文章內容似乎缺乏深度，就應該

毫不猶豫的放棄看下去，繼續尋找有趣的文章。

如果說標題的資訊量是二ＫＢ，那麼，完整內容差不多是十五ＫＢ。即便不記得細微的內容，只要記下標題或概要，透過 Google 搜尋，便可以找出資訊。

其實這就像購物。

如果一股腦兒買下所有感興趣的物品，房間便被戰利品塞滿。所以，應該只買「非要不可」的物品，其他商品則只逛跟看，但不買。若想買某物品，卻不知道該怎麼下手，你可以先記品號等資訊，事後再進一步搜尋。

同樣的，面對自己不感興趣的資訊，快速略過即可。只挑選與自己的工作或人生有關、自己感興趣的資訊，然後把它輸入大腦。

只要採取這種方法，就不用擔心多餘的資訊像從沒穿過的衣服般占據空間，以維持大腦的效率。

為了迅速的判斷需要不需要、有沒有，你還有第三個選擇——可能有。

如果花太多時間判斷有、無，也只是浪費時間。所以，當你開始猶豫，索性把它列入「可能有」這個選項裡。

經過一段時間並冷靜回顧之後，你幾乎可以立即判斷出要或不要。

購物也一樣，如果果你無法立刻決定是否要買，就先放置這份猶豫。等過了一星期，你還是想要的話，就買。反之，如果產生「我當初為什麼會想要這個？」的念頭，就不買。

資訊也是，「需要嗎？」這種讓你覺得迷惘的資訊，過了一段時間後，通常大腦會判定成不需要。

衣服也好，資訊也罷，凡是容易取得卻又很難放手的事物，先做保留，不需要馬上做出決定。如果不需要某事物，之後也會忘掉。

哈佛教會我的社會生存力

增加「可能」選項，就能增加腦容量。

28 正式上場前，不練習，但要小睡一下

哈佛有個笑話：「學業、社交、睡眠，只能選兩種」（這是真的）。

事實上，這三種都非常重要，但在繁忙的學生生活中，很難同時滿足所有選擇。學生透過刪除法，往往都犧牲睡眠。

我經常睡眠不足，基本上「哈佛的學生生活就是這麼回事」。不過，我發現睡眠不足時，大腦明顯變得遲鈍。

因睡眠不足而反應變得遲鈍，不管是思考或是執行什麼工作，都會耗費更多時間，然後陷入壓縮更多睡眠時間的惡性循環。

在日本厚生勞動省（按：相當於他國福利部、衛生部及勞動部的綜合體）發布的「健康睡眠指標二〇一四」中，清楚記載：「人在起床後十二至十三小時期間，可以清醒的執行作業，若是起床超過十五小時，作業效率就會下降，其程度

幾乎與酒駕相同。」

我就讀哈佛期間，由於平日要處理分量驚人的作業，半夜三點才上床睡覺，可說是家常便飯。因此，我想了一些方法盡可能確保睡眠。

首先，我運用的第一種方法是有效短眠（Power Nap）。

就如前所述，哈佛大一生都住在校區附近的宿舍。因此，只要有空檔，我就會小跑步回宿舍，小睡（有效短眠）十五分鐘或三十分鐘。

據說有效短眠不僅能趕走睡意，也能恢復因睡眠不足而下降的集中力和記憶力。事實上，我自己也有實際的感受。

厚生勞動省的指標也提到：「午後小睡三十分鐘，可以有效改善睡眠不足所導致的低效率。」

可是，睡眠時間如果超過三十分鐘，就會進入深度睡眠，醒過來時，大腦反而脫離不了困倦狀態，所以要避免睡太久。

在全球各地，尤其以ＩＴ企業等為主，已經有越來越多公司開始提供有效短眠的場所和時間。在南歐，午餐後的悠閒午睡更是理所當然。順帶一提，有些日本企業現在也推行午睡制度。

就算工作場所沒有推行午睡制度，你也可以利用無人的會議室等地方小睡一下，如此一來，就能避免工作效率不佳，自然能提高工作的效率。

我在演奏會之前也會小睡。在休息室裡，如果有十五分鐘的空檔，與其奮力練習，不如好好休息，反而更有效果。

因為就算到上場前一刻仍在練習，演奏水準也不可能瞬間提升。與其如此，不如透過小睡，調整大腦和身體的狀態，活化肌肉記憶（按：Muscle Memory，透過不斷重複動作以讓它進入記憶當中，最終讓動作可在幾乎無需意識的狀態下完成），就能有更出色的表現。

我曾參加美國康乃狄克州的音樂祭。

這場音樂祭，由紐約知名舞團、在華爾街致富，年老後提前退休的超級富豪們共同舉辦。富豪邀請參加音樂祭的年輕音樂家，去他們的豪宅住宿。

正式演出當天，我在寄宿的豪宅裡睡午覺，結果被其中一位富豪語帶嘲笑的說：「本來很期待聽到妳的練習，沒想到妳居然都在睡覺。」

於是，我直率的說明：「比起持續練習，直到正式上場前，利用有效短眠儲備能量，反而能讓演奏更加出色。」富豪這時才深感贊同。

或許是因為這番話，讓他們想起過去在華爾街努力奮鬥的時光。

哈佛教會我的社會生存力

過度努力也會導致失敗，適時放鬆才能調整成最佳狀態。

29 管你睡眠專家怎麼說，我就是用週六補眠

消除睡眠不足的另一個方法，是在週末補眠。

大學時期，我參加的課外活動多半都是以音樂團體為主，為了準備演奏會或歌劇表演，必須經常和夥伴們一起排練。忙碌時，在平日即使是晚上十點過後，也會和夥伴碰面，並持續排練到深夜。

對於生活忙碌的哈佛學生來說，這樣的行程的確相當吃力。到了週末，因為我安排星期日準備活動或作業，所以沒辦法睡太久，不過，我至少會在星期六中午之前澈底閉關，讓自己好好的補眠。

如果小看睡眠不足，置之不理的話，就會不斷累積「睡眠負債」（按：Sleep Debt，指沒睡飽，但是自己沒有感覺，長期下來造成身體不適、精神不佳、記憶力減退等狀況。由史丹佛大學睡眠研究中心的第一任所長威廉・C・德門特

博士〔William C. Dement〕提出）。

雖然補眠沒辦法儲蓄睡眠，但是，在週末蒙頭大睡，卻可以償還平日的睡眠負債。我認為，平日因忙碌而睡眠不足的上班族，可以在星期六或日的中午之前好好的放鬆，以償還睡眠負債。假日補眠，就像身體在每個星期重置一樣。

睡眠相關的理論有很多。只要試著閱讀、比較科學論文，就會發現各篇論文所下的結論各不相同，根本沒有足以適用所有人的確切結論。

因此，我選擇無視那些睡眠相關專家的意見。標準答案還是問自己的身體最實在，就我而言，午睡和星期六補眠，是我最終找出的解決對策。

平時總睡眠不足的人，可以試試無視科學根據的「戰略性補眠」，只要能消除睡意，讓自己的大腦變得更加清晰、靈活，對你來說，那就是最佳的答案。

哈佛教會我的社會生存力

午休小憩或週末補眠，讓大腦思路變清晰。

30 每天安排一段時間和自己對話

我非常幸運，有許多機會能演講。在演講最後的問答環節，我經常碰到下列的問題：「妳創業後，成為執行長，所以不管是工作或任何事情，應該都可以照妳的想法進行。若沒有這種優勢，該怎麼做才能擁有自己所想要的人生呢？」

我不是經驗豐富的人生諮詢顧問，所以聽到這種問題，老實說還挺困擾的。雖然我是執行長，但儘管如此，我還是無法如自己所願的掌控一切。不過換個方式思考，即便是沒創業的人，每個人都有一間名為「自己」的公司，每個人都是執行長。

因為不論職場上的上司說什麼，最終做出判斷、決定該怎麼行動的主導權，仍然還是在自己的手中。可是，當上層一個接一個的拋出工作，讓你每天忙得團團轉，恐怕會讓人不知道或沒精力面對自己的人生。

若想讓自己的人生變得更加充實，就不能缺少跟自己面對面對話的時間。你是否因為沒和自己對話，變得容易受他人影響，使工作無法按照自己想法進行，進而產生不滿？這個時候，請務必透過下列三個步驟，替自己安排一段面對自身的思考時間：

步驟一　把今天的待辦事項全部列出來。
步驟二　和自己對話，確認人生的理念和目標。
步驟三　把達成人生理念和目標所該做的事情，全部列成待辦事項，然後加以實踐。

列出當日待辦事項，是為了讓頭腦變得更清晰。「那件事非做不可」、「這件事也還沒有完成」，如果把應該做的工作全部記在腦中，就沒辦法好好的思考。

光是把工作變得看得見，人就會變得更加輕鬆、自在。最重要的關鍵是步驟二。

如果以公司來說，就是所謂的經營理念。試著思考，你身為個人公司的執行長，要以什麼樣的理念和目標過生活？

步驟一寫出待辦事項，讓腦袋變得清晰後，接下來，就試著寫出希望做什麼。不分短期、中期或是長期，請條列寫出自己想做的事情。

我認為這個機會，可能讓自己發現，因忙於工作，而未曾察覺到的個人興趣、未來目標、新的工作或是企劃。

我在步驟二會運用前文已經介紹過的靈感筆記。

步驟三則是把該做的事情條列成待辦事項，這是為了更趨近於步驟二的理念和目標。

除了工作的待辦事項之外，請打造一份人生的待辦事項，以執行長身分培養出能判斷何時完成、如何完成待辦事項的經營習慣。

這項作業也可以試著運用五分鐘集中法來完成。

哈佛教會我的社會生存力

站在執行長的角度來思考，要以什麼理念和目標來度日。

31 睡前固定寫日記，這是我的正念練習

我從國小三年級開始到現在，每天從不間斷的寫日記。至今累積下來已寫超過十五本。

我開始寫日記的契機，是想把每次演奏小提琴的經驗和感動記錄下來。

小學時期的日記內容，大多以小提琴演奏當天的樂曲、感想和演奏的場所為主。之後，除了記錄當天發生的事情或感想之外，我也會寫當天的穿著打扮、從朋友那裡聽到的有趣故事、想到的靈感等內容。

我固定睡前寫日記。在簡單梳理當天發生的事情或感想的過程中，收穫或需要反省的事，會變得更加明確。

每當經過一段時間，再回頭去閱讀日記，總會有新的啟發，「原來那個時候我是這麼想的」。

當我們每天忙於各種工作的時候，往往沒有機會停下來反省自己。有人會透過正念，全心全意的專注在當下，而對我來說，寫日記的時間就相當於正念。

我每天總是拖到最後一刻才寫日記，也就是說，直到睡覺之前，我通常還在工作或是讀書。因為在身心尚未完全放鬆、還殘留一些緊張感的狀態下，回顧當天的一切，更容易察覺收穫等而有所學習，同時也更容易整理思緒。

正念是一種需要養成的習慣，你可以跟我一樣把寫日記當作正念。一開始，就算日記只寫一行也沒關係，總之，從今天開始推行。

若在一天的最後，妥善整理自己的所學或思緒，便能讓腦袋更加清晰。

哈佛教會我的社會生存力

在睡前留一點時間給自己，回顧當天發生的事。

32 為了能追劇，我更努力做好時間管理

在我家，電視並不是放在客廳，而是放在雙親的臥房。再加上，截至高中為止，我必須兼顧學業和練習小提琴，所以根本沒有多餘的時間看電視。因此，每次同學在學校談論連續劇的時候，我總是沒辦法加入討論，難免覺得孤單。

進入哈佛就讀之後，我把高中時期沒看的連續劇當成放鬆、紓壓的道具。

結果，我反而產生這種想法：「雖然那段時間的回憶有點孤單，不過，我仍然慶幸那段沒有看電視的生活」。

因為連續劇十分有趣，如果沉迷戲劇的話，學生時代的寶貴時間就會被電視奪走。正因沒花時間看電視，我才能在學業和小提琴上全力以赴，而有了現在的自己。

近年來，網路影片取代電視，成了新一代的時間小偷。

哈佛教會我的社會生存力

把追劇當作獎勵，激勵自己完成待辦事項。

網路影片不同於電視，可以隨時在自己喜歡的時間觀賞，就算沒有坐在電視機前面，也能透過智慧型手機觀看。

影片的內容也相當多元、豐富，Netflix上有許多知名作品及節目，只要找到喜歡的節目，有的人甚至能連續看十小時、十五小時，像中毒似的。

我也有使用Netflix或日本的五大核心局（按：日本商業廣播業界用語，指電視聯播網或廣播聯播網中，位於首都東京的放送局）聯合推出的無廣告影片點播服務「TVer」來看影片，不過，我設定一個使用規則：完成待辦清單上的特定工作，才能看影片。藉此當作給自己的獎勵。

如果有想看的戲劇，我會告訴自己：「為了想看的戲劇，努力把待辦事項完成吧！」這麼一來，就能更加激勵自己。

重點整理

以五分鐘為單位切割時間。

全力集中，提高成果。

養成維持房間或書桌整潔的習慣。

消除不滿是創新、改革的泉源。

試著小睡一下，讓思路更清晰。

寫日記也有正念的效果。

第四章

哈佛式小論文，走到哪裡都受用

33 五段落小論文，強化我的邏輯思維

哈佛學生的邏輯性思考力較強的理由之一，就在於從小接受英語寫作教育。雖然日本的國語課程、暑假作業，都需要寫作文或是閱讀心得，但是，老師卻不會教寫作方法。

我完全沒有印象，學校老師有說該用什麼樣的結構，去寫三頁篇幅的文章。只要求孩子寫文章，然後老師負責打分數。

就算老師在作業上，用紅筆寫下評論：「不要只寫大綱」、「要寫出自己的意見」，對學生來說，這些句子不會提升他們的寫作能力。可以說，只要沒有教導具體的寫作技巧，學生不會知道該如何改善。

而在美國，若要讓所有人都能理解自己的想法，必須提升具邏輯的說明能力，因此，每個人從小學開始學習英語寫作方法——五段落小論文（5-Paragraph

Essay），也就是由五個段落構成的小論文。

五段落小論文的結構有一套既定的範本。他們從小學開始學習這套範本。不論是暑假的回憶，還是心得，全都可以照著範本來撰寫。

大多數人聽到學習寫作的技巧，往往以為是教如何寫出好文章，但事實上並非如此。在美國，孩子學習的作文技巧是運用範本上面提到的方法，主要是為了更淺顯易懂的傳達自己的意見，與文章的內容完全無關。

這個範本只要遵循兩個規則就能有效應用。除了寫文章或製作資料，日常對話或工作的簡報，也能套用。

第一個規則是一個段落、一個想法。顧名思義，就是一個段落只寫出一個想法或主張，規則十分簡單。只要依序增加內容，就能把內容傳達給對方，這種作法對事物的順序排列十分有效。

第二個規則是，五個段落以導文（Introduction）→主文（Body 1）→主文二→主文三→結論（Conclusion）的順序逐一展開。

不管是報紙或論文，都是依照這個規則來撰寫，無一例外。

這種格式經常被比喻成漢堡（見下圖）。最前面的導文，是用來提示五個段落會傳達什麼主題。因為突然切入主題，會顯得太過唐突，所以導文可說是拋出能引起讀者興趣的誘餌。

之後的三個段落要依序陳述主文，也可能用來陳述依據。而最後的結論，就是用不同的方式重申主題。也就是說，主題＝結論。

其實本文不一定要寫三個段落，但是，為了提高說服力，通常都是列出三

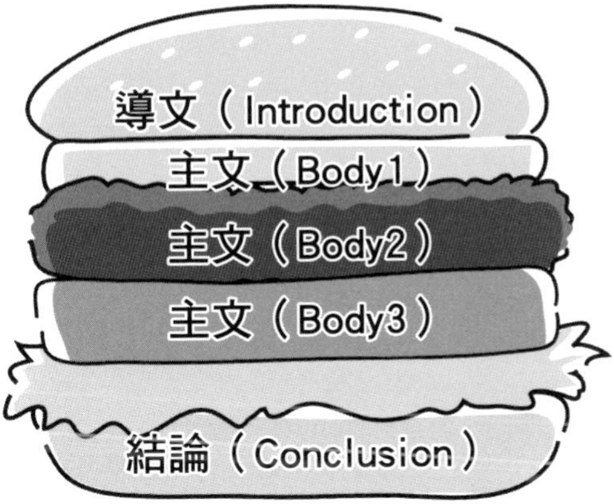

漢堡的麵包＝導文與結論；食材＝三段主文。

個根據，而不是一、兩個。用漢堡來比喻的話，就是內餡越多，品嚐時的滿足感就會相對提升，寫文章也是一樣的道理。

隨興的談話內容屬於感官上的自然發展，而寫作，則適合用來練習邏輯思考。就連想整理某些想法時，只要利用五段落小論文的規則，就能鍛鍊邏輯，掌握事物。

例如，你希望在會議上，針對某課題提出解決方案時。先陳述主題（和結論），然後再提出三個理由。

如此一來，大腦思路會更加清晰，你在表達時，也會變得更加簡潔，讓對方能快速理解該如何解讀接下來的談話內容。

提案的理由必須簡單扼要，與其連珠炮似的長篇陳述，不如採用「第一點、第二點……」的條列方式，反而清楚且更具說服力。因為這個做法能讓人覺得你「十分了解自己想表達的內容」，而產生正面印象。

最後，再次陳述提案主題（和結論）作為總結。

請試著用這種方式，讓邏輯思考融入你的日常生活，自然而然的形成習慣。

哈佛教會我的社會生存力

不擅長寫作，是因為你不懂規則，五段落小論文能訓練你邏輯思考，傳遞清楚易懂的想法。

34 哈佛教我寫作課：列清單、草稿、潤飾

進入哈佛就讀的第一個學期，校方會專門為母語非英語的學生開設寫作課，教導學生撰寫小論文的方法。因為哈佛幾乎每天都會出小論文格式的作業。學生必須把一個主題的報告彙整成十張Ａ４紙左右的文章。

我們學到的方法是，利用三個步驟彙整文章：

步驟一　列項目清單。
步驟二　草稿。
步驟三　潤飾。

步驟一是列項目清單，以浮現在腦中的靈感或主題為主軸，從一小部分開始

哈佛教會我的社會生存力

寫文章第一步，在時間內列出清單。

逐條列出想寫的內容。步驟二，則依照五段落小論文基本的結構，重新排列步驟一列出來的清單。之後，再進一步豐富各個段落，讓整篇文章變完整而能閱讀。步驟三要反覆潤飾草稿，讓文章內容可以更正確且直接的傳達自己的想法，同時避免讓讀者感到無趣。

寫作課同時也能學習如何分配時間。在課堂上，老師會依照三個步驟設定截止時間。如果只設定最終截止時間，學生很可能會把大部分的時間，都花在步驟一，導致步驟三的潤飾時間不足，於是交出虎頭蛇尾的文章。

為避免發生這種情況，必須設定各個步驟的截止時間，只要準確無誤的分配時間，就能寫出高品質的文章。這三個步驟也可以應用於工作資料，或簡報準備的技巧。

35 先提結論，後講重點

五段落小論文基本上是反映英語的結構。

英語的基本結構是SVO句型：主詞（S）＋動詞（V）＋目的語（O）。例如，I ride a bike.，語序是我（S）＋騎（V）＋腳踏車（O）（按：中文跟英文一樣，主要的語序是SVO）。

用主詞跟動詞來表現「誰在做什麼」，這種把主詞放在前面的結構，能更快速且清楚傳達內容。先陳述主題，然後再具體闡述內容的五段落小論文，就等於是放大版的英語結構。

相對之下，日語結構是SOV句型：主詞＋目的語＋動詞。如果把前面的英語例句轉換成日語結構，就會變成，我＋腳踏車＋騎。在日語裡面，如果沒有看到最後的動詞，就不會知道「我」用「腳踏車」做了什麼事情。

哈佛教會我的社會生存力

寫電子郵件時，先寫結論，再寫重點。

如果用英語，和朋友或工作夥伴之間的溝通就會變得十分簡單。一開始直接說結論，再說重點，例如：「今天調整下次的演奏會日程。共有三個聯絡事項」，寄件者寫得輕鬆，收信者也能快速理解重點是什麼。

但若用日語寫電子郵件給朋友或工作夥伴，通常先從問候語開始，如「辛苦了」，接著是一連串沒有結論的文章，最後用一句「請多多指教」作為結尾。收信者看完後，完全搞不清楚這封信到底想傳達什麼。

我認為，寫電子郵件時，像英語一樣先寫結論，再列重點項目清單，會更容易傳達事情。除此之外，「辛苦了」、「請多多指教」等問候，都太正式了，基本上就算省略也沒關係。甚至，像臉書或LINE那種可以省略社交問候語的簡短句子，反而更加省時、省力，讓人更容易了解重點。

36 明確表達自己的想法

英語的「我」，只有I，而日語裡面的「我」則有「私、僕、俺」（按：根據說者的性別或對話場合，而有不同用法），句尾也有各式各樣的變化，此外，敬語也十分複雜。

這種日語特性讓學日語的外國人感到十分困擾。

十六世紀時，在日本推行天主教傳教活動的聖方濟・沙勿略（San Francisco Xavier），十分讚賞日本人和其文化，但在另一方面，他卻形容日語是「撒旦的語言」，因為實在是太困難了。

沙勿略出生於西班牙的巴斯克地區，他的母語巴斯克語是歐洲最難學習的語言之一。英語有一句玩笑話：「撒旦為了誘惑巴斯克人，花七年的時間學習巴斯克語，只學會是和不是。」

連沙勿略都叫苦連天，可見日語的難度真的猶如銅牆鐵壁。當然，日文還是有自己的優點。例如，光是稍微改變句尾，就可以輕鬆的傳達差異和想法，配合當時的場合和對象，做出適當的溝通。

現在在電子郵件或者是訊息中，經常使用起源於日本的表情圖示（emoji）也一樣，只要加在句尾，就可以增添無法單憑文章傳達的情感表現，展現出日本人獨有的纖細感性。

相較於英語，日語的曖昧性，或許不適用於商業交流。但是，對於不想因為太過直白，而無端起風波的日常交流來說，卻十分受用。

用英語傳送訊息時，如果講沒幾句，就在句尾加上句號，結束當下的話題，即便本身沒有其他意思或是惡意，我還是會感到生疏、冷漠。所以，我總是會用寫日語的感覺，在最後加上「……」或是好幾個驚嘆號等符號。有時，哈佛朋友會開玩笑的說：「真有日本風格！」

可是，如果用日語的感覺與人交流，會顯得無法直言不諱的表達想法。在全球化的環境中，很可能因此受到輕蔑，被人視為你是對自己的主張或想法缺乏自信的人。

因為日語有所謂的敬語，所以無法用對等的說話方式，對長輩或上司等表達自己的意見。而英語的敬語和非敬語沒分得那麼清楚，即便在哈佛，甚至還有學生直接稱呼教授的名字。

如果硬要採用比較有禮貌的說法，以「……可以嗎？」當作例子，頂多就是把「Can you……」，改成「Could you……」而已，就算不改變說話方式，還是可以直言不諱的跟長輩表達意見。

我的美國或中國朋友，多半都是能明確表達個人主張的類型，他們能用英語充滿自信的表達自己的意見或想法。

來到哈佛後，就算缺乏信心，我也變得會挺起胸膛，以自信的態度勇敢表達主張，因為一旦示弱就輸了。

此外，學習英語時，不要只單純的提升溝通能力，更應該善用ＳＶＯ句型來磨練自己的邏輯性思考。

哈佛教會我的社會生存力

就算缺乏自信，也要挺胸說出想法。

37 我靠哈佛式小論文鍛鍊作文能力

哈佛教授經常會派出這類型的作業：閱讀三篇時下熱議的新聞，如「改良基因與道德性」或「中國的空氣汙染」之類的主題，然後根據報導，以小論文的形式寫出自己的想法。

我認為這類課程，也可以靠自學訓練邏輯思考。

首先，自己決定一個主題，例如少子高齡化、可再生能源，或是外籍勞工的認可。

即使不是從紙質媒體找新聞，而是透過網路媒體查到資訊也沒關係，總之，從觀點不同的新聞中，如大眾報紙、經濟報紙、英語報紙，挑三篇相關報導。

熟讀三篇報導之後，試著利用一三四頁介紹的三個步驟，整理自己的想法，然後以五段落小論文的形式寫出文章（見下頁圖）。

決定一個主題

閱讀三篇報導

透過三個步驟彙整

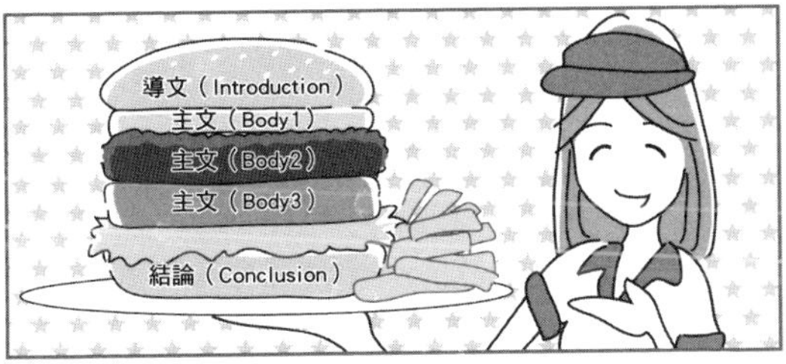

用五段落小論文的方式撰寫

這裡要注意的是，不要只是摘錄報導的重點。而是要確實閱讀報導，然後試著根據主題，篩選出問題點，最後再導出個人論點（結論）。

除此之外，若想順利的整理出結論，寫出能讓讀者產生共鳴的文章，你可以在腦中設定虛擬的讀者。

哈佛的音樂課也經常出小論文當作業。這時，老師會指導我們：應該要確實區分讀者是專業的音樂家還是一般同好；有一定程度的素養，或對音樂感興趣，卻沒有受過相關教育等。

因為對沒有受過相關教育的讀者使用專業用語，也沒辦法順利讓他們了解你在說什麼。

根據新聞報導的讀後感，撰寫五段落小論文的時候也一樣，閱讀那篇文章的讀者是朋友？家人？上司還是同事？或是公司以外的人？總之，先具體預設好讀者群。

只要一邊想著那個預設的對象，一邊進行撰寫，文章會變得更清楚，你的想法也更容易傳遞給他人，同時也能鍛鍊思考能力。

如果有人可以透過相同主題，和自己互相分享小論文，就可以交換彼此的意見，產生更多的相乘效果。

哈佛教會我的社會生存力

寫文章時，要先設定讀者。

38 重點是要正確引用他人資訊

哈佛的寫作課也會教導「引用」的格式。

例如，文科系的基本引用格式，有一種被稱為「APA」的格式。APA是美國心理學會（The American Psychological Association）的縮寫。該格式依照引用文獻的種類，清楚載明作者、出版年分、章節、頁數等資料。

同時還規定，直接引用文章的時候，要加上雙引號（“”），此外，進一步釋義（Paraphrase）時，也必須載明參考來源。

這不過是其中一種範例。基本上，這些格式會依科學系或文科系等專業領域而有不同，必須仔細的練習使用方法。

每個人或多或少都會參考前人的經驗成就或是著作，然後再深入思考。

如果沒有正確引用，哪些部分屬於他人的想法，哪些部分屬於自己的想法，就會分不清楚。

如果修改部分原創文章，然後直接使用，最糟的情況就是引發抄襲疑雲。在哈佛，完全沒有載明出處，或以個人的方式改寫他人的想法或部分文章，卻沒有加上引用的話，就會被大學審議會處分。

實際上，曾有學生因為沒有正確引用其他著作，而遭到學校強制休學。或許有人會認為不需要對學生那麼嚴苛，但是，如果沒有養成嚴加區分他人想法和自己想法的習慣，別說是得到讀者信任，更會形成嚴重的法律問題。

萬一沒有正確引用的論文，在某些契機下，被刊載在《科學》（*Science*）等具全球權威的專業雜誌，之後卻被察覺引用不完整，就可能遭到社會的批判。

為避免發生那種情況，哈佛會從大一生就開始澈底的指導。

不光是學術界，商業界也一樣，抄襲他人意見或發明的作法，是絕對不被允許的。

某些網路上的統整網站等媒體，總是擅自轉載他人的想法。舉例來說，數年前，日本有一網站，從網路上蒐集一些毫無依據的健康資訊，然後將它當成自己的原創內容，最後被迫關閉網站。

「大家都這麼做，所以沒關係」，如果因此而疏忽，久而久之就會麻痺，可能會不知不覺把其他人的想法當成自己的想法，所以必須多加注意。

哈佛教會我的社會生存力

參考他人的經驗或著作並深入思考，但要記得正確引用對方的資料。

39 我都用英語查資訊，訊息量比日語多五倍

在現代，當世界某處發生事件，會瞬間影響到地球另一端，若僅仰賴國內的資訊來源，是非常危險的事情。

我回日本時，發現到一件令人震驚的事：每個電視臺的深夜談話節目（我當時大概轉了五個或六個節目）都在談論相同的話題，唯一的差異只有節目名稱、主持人和名嘴不同。大家都說日本的製造業陷入加拉巴哥化，但我發現連日本的資訊，似乎也呈現孤立、封閉的狀態。

根據統計網站 Internet World Stats 在二〇一九年的調查顯示，網路上使用最多的語言是英語，約有二五％，占整體的四分之一；中文（一九％），約占整體的五分之一；西班牙語（八％）；阿拉伯語（五％）；葡萄牙語（四％）。而日語位居第八（二．七％），占比不到英語的九分之一或中文的七分之一。

我用網路調查資料時，多半都是使用英語來查，而不是日語。這是因為英語的資料量相對更多，比較容易查詢到想了解的資料。

網路上最具代表性的百科全書網站「維基百科」，其文章數量，英語版本約有六百萬筆，日語僅有一百一十八萬筆左右，僅德語和法語的一半。

雖說語言障礙是一大問題，但如果僅僅仰賴日本的資訊來源，接收到的資訊量就會受到限制，人的想法可能因此不知不覺加拉巴哥化。

學習英語或中文，不僅能提高語言能力，同時也具有增加資訊量和豐富性的優勢，讓自己擁有更多思考泉源。

在這個時代裡，就算待在自己的國家，大家還是可以看世界各地的英文新聞或是寫實紀錄節目。透過英語蒐集資訊，將在未來變得更加重要。

哈佛教會我的社會生存力

英語的資料量相對更多，所以透過英語蒐集資訊變得更加重要。

重點整理

一個段落只寫一個話題。

靠項目清單、草稿、潤飾彙整想法。

以主題、本文、結論的順序來寫文章。

電子郵件先陳述結論，之後再條列重點。

利用報導蒐集資訊，來整理想法。

第五章

這裡不講求完美主義

40 我的待辦事項欄，沒有優先順位

我母親不管做什麼事，總會先安排好。我在旁邊看著，覺得好像很有趣，於是開始仿效。所以我從小開始，會把該做的工作列進待辦清單裡。

待辦清單除了可以幫助自己更確實的執行該做的事情，還有另一個優點：跟靈感筆記一樣，把工作寫在紙上，就不需要一直想著「必須做某件事」，自然不會耗費大腦的容量。

說到待辦清單，許多人認為那是只有商業人士才會用的工具，但其實我的哈佛同學中，不少人從小開始使用待辦清單。

我讀小學時，連「明天要帶抹布去學校」這種小事都會做筆記。到了念哈佛時期，我曾把行事曆和待辦清單整合在一起。

例如，早上九點開始預習；上午十點至十一點上課；中午開始寫作業；兩點半之後，和朋友開會兼喝茶……如果沒有完成當前的課題，就不能進入下一個課題，我會以這種方式，同時管理行事曆和工作。

我現在仍會整理待辦清單。

記錄靈感時，我偏愛手寫記在筆記本上，至於待辦事項，因我常外出旅遊，所以我透過手機應用程式「Google Keep」來管理。

我起床後，會在 Google Keep 裡輸入一天的工作，之後，手機的待機畫面會顯示出清單，所以只要打開手機，我就可以查看還有哪些

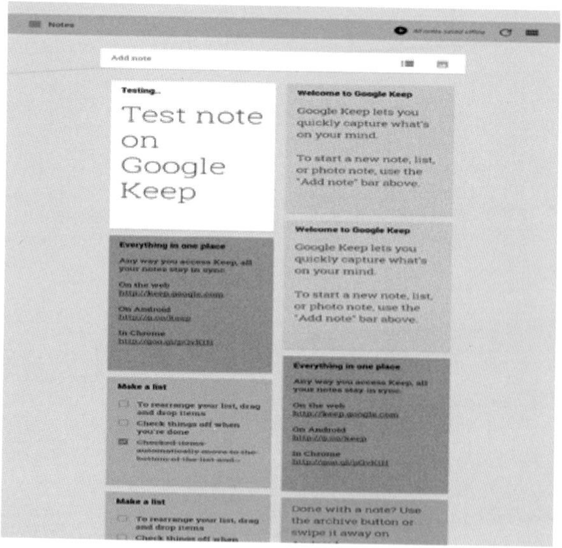

我用 Google Keep 管理待辦清單。

工作尚未處理。

有些人認為，「依照類型建立工作，會比較容易整理」，所以會區分公事和私事要做的事情。但是，對我來說，必須確認好幾種清單，反而會造成心理上的壓力，所以我採用的是統一管理。

此外，有人會根據工作的重要程度，替待辦事項排列優先順序。不過，我沒有這麼做。因為若要在清單上面安排處理順序，就必須進一步比較多項工作，以判斷工作的重要程度，然後花時間整理順序。

我認為就算沒有刻意排序，還是可以大致了解該先處理哪個工作，因此，我會把那個順序放在心理，然後逐一安排工作。

哈佛教會我的社會生存力

整理待辦清單，但不用特意安排優先順序。

41 但我會替緊急度較高的工作加上標記

我不會替待辦事項排列優先順序，取而代之的是，我會幫緊急程度比較高的工作加上標記。工作的急迫性與重要度不同，只要反推完成時間，就可以馬上掌握工作的緊急程度。

只要用較短跨度，如「一天」來衡量，就可以知道，緊急度較高的工作等於重要度較高的工作，所以只要看緊急程度就足夠了。

例如，練習樂器或考證照時，即使距離報名截止日期還有一段時間，每天仍然必須努力的練習。但以一天來看，這些中長期工作的緊急程度絕對不算高。

不過，話說回來，有的事情儘管當下並不緊急，但如果把它列在待辦清單的最下方，人會因認為這件事情不急，於是不斷的往後推遲工作，那麼，永遠都不會有處理完畢的一天。

哈佛教會我的社會生存力

利用手機的應用程式，確認每天執行中長期的工作。

其實，像學習語言這一類的中長期工作，多半都是靠每天一點一滴、持續的努力，才能有所成就。換句話說，讓一些工作變成習慣，是非常重要的。

因此，我會規定自己在每天的哪些時候，應該做些什麼，並具體的寫進行事曆中。你可以養成習慣使用 Todoist 這類可以列出待辦清單的應用程式。或試著用 Google 行事曆，在上面建立目標，如此一來，行事曆會自動幫忙安排行程。例如，「希望每星期在傍晚時段做一次瑜伽」，只要登錄一次，行事曆就會在每週行事曆的傍晚空閒時段，自動幫你安排行程。

以我自己為例，我有一個中長期工作是學習西班牙語，所以我在行事曆上建立目標：「背三十分鐘西班牙語單字，每週兩次」。

42 大一生沒有主修，學校要你跨領域體驗

撇開專精於單一事物的傳統工藝等藝術家，在急遽變化的時代洪流中，汲汲求生的商業人士，如果可以像在洛杉磯天使（按：Los Angeles Angels，美國職棒大聯盟中，隸屬於美國聯盟的棒球隊伍之一）擔任投打雙棲的二刀流選手大谷翔平，擁有多個擅長領域，就能更利於生存。

日本大學通常只有一個主修，而且幾乎在入學時就決定好。也就是說，在高中畢業時，一旦選填好志願，就會根據學系來決定主修什麼。如進入法學系，主修民法；經濟學系則學習市場行銷。

而美國大學幾乎不會在入學考試的階段決定要修什麼課程。校方讓學生在大一體驗各領域課程，根據學習經驗，在大二時選擇主修。若不同領域有興趣，也可以選擇兩個主修，採雙主修制；或是採取主修和副修。

哈佛教會我的社會生存力

接觸不同領域並專精，就擁有更多的觀點跟看法。

我在大二時，選擇的主修是應用數學，大三改成主修社會學，到了大四則主修音樂，副修國際保健與保險政策。只要像這樣，同時專精於兩種以上的領域，就會產生更多角度的觀點和看法。只要學分可以達標，學生都可以自由的改變主修和副修，我認為這也是哈佛課程的優勢之一。

哈佛的學習方法，源自於古希臘羅馬時代的博雅教育（Liberal Arts）：不是垂直劃分文科或理科，而是跨領域學習人文科學、社會科學和自然科學。

許多日本大學也開始採用博雅教育，例如，國際基督教大學、慶應義塾大學湘南藤澤校區（SFC）、立命館亞洲太平洋大學（按：在臺灣，博雅教育是大學教育的基礎組成部分，如各大學的通識課程，分成不同領域，並要求學生選修通識）。

43 哈佛的學習主張：追二兔得三兔

有一句諺語，是「逐二兔不得一兔」。

這句話的意思是，如果興趣太多，什麼都涉獵，到最後什麼都不專精。

但在哈佛，學生反而是「追二兔得三兔」類型。

大多哈佛學生認為，應該趁著年輕，放膽追求所有感興趣的事物，不該只是專注於一件事物。因此，他們的行事曆總是有滿滿的待辦事項，並且想盡辦法的完成那些事情。

我看了美國作家拿破崙．希爾（Napoleon Hill）的著作，他在書中寫道：「我們所謂的限制，不過是我們擅自在心中設限（Our only limitations are those we set up in our own minds.）。」

哈佛之所以採用博雅教育，是因為與其專精於單一主題，不如探求多種專業性，反而更能增廣思考力、見聞以及人性。

誠如日本知名教育改革家藤原和博所說的，只要能分別在人文科學、社會科學、自然科學的各領域當中，成為百人當中的第一，那麼，你就能成為百萬中選一的人才。

在學術界的頂尖領域中，有許多哈佛學生不僅在研究所取得碩士學位，之後更持續投入研究，取得博士資格。因為如此，才能成為千萬中選一、億中選一的人才。

專精於單一領域，成為專業人才固然重要，但是，希望擴大專精領域的積極態度，是未來的商業人士不可欠缺的。

或許執行起來很困難，但如果在內心畫地自限，就永遠不可能跨越出去。

統計學、溝通技巧、程式語言……增加不同領域的觀點，更能提升思考力，想像力也會變得豐富。

從不同的角度判斷事物，做出精準決策，也是活躍於國際舞臺的重要技能。

有時候，在毫無相關的領域裡，也可能會有意外發現，那個發現或許會成為解決某些問題的突破口。

例如，以醫療現場來說，有時會查不出病因，不過，只要由精通兩個不同專業領域的醫師進行診斷，就可以透過雙方的觀點進行判斷，最終找出答案。

只要成為在多個專業領域備受推崇的人才，自然能擁有社會所需要的價值。

哈佛教會我的社會生存力

除了原有的專業，也須擴大專業領域，掌握多個觀點。

44 就算是興趣，也要精進成專業

如果要鑽研多個領域，首先要制定出一個主軸。以大學學系來說，主修就是主軸，其他部分都屬於副修。

我之所以重新認知制定主軸的重要性，是因為我在某個契機下，和日本搞笑藝人西野亮廣有了一段對話。

西野先生不僅是搞笑藝人，同時是一位出色的繪本作家。

有一次，他在紐約舉辦個人展覽，而我正好參加那場展覽，因此有機會和西野先生對話。他說：「我已經突破搞笑藝人的身分，所以我希望在繪本、小說方面，也能獲得認同和評價。」

聽了他的話，我深有體會。正因為我從小學習小提琴（主軸），所以才會覺得自己在商業等其他活動方面，也能得心應手。

哈佛教會我的社會生存力

試著讓興趣也變成你的專業。

「至少這個部分不會輸給任何人」，這種主軸的存在，能為自己帶來自信。每個人都知道，若要擁有一特長、專業，得不斷的努力。所以，只要有某項別人難以跟你比較的專業，就容易贏得他人的信任。

如果你覺得平日缺乏刺激或想培養某些興趣，請找些與工作毫無關係的興趣或喜好，然後試著突破、精進。此外，不要只滿足於業餘水準，試著以半專業水準為目標，年齡絕不是藉口。

如果希望在其他領域獲得帶來協同效應，則必須擁有足以挺起胸膛、在名片上面印上頭銜的專業水準。

什麼事物才能提高自己的價值呢？如果沒有拚盡全力去碰撞，你就永遠都不會知曉。首先，請試著先踏出第一步。肯定能夠遇見全新的自己。

45 當腦袋打結時，就到外頭走走

不管是公事或私事，有時難免會碰壁，陷入完全沒有半點靈感的萎靡窘境。

這時你可以嘗試兩個解決對策。

第一個是改變思考的環境。

我念哈佛時，在天氣晴朗的日子，教授有時會提議：「我們今天到外面上課吧！」然後帶著大家坐在大圖書館的臺階上。

學生會在這時變得情緒高漲、文思泉湧，激發出前所未有的大量靈感。我因此實際感受到，改變平日思考的場所，的確是個有效激發靈感的好方法。

不光是場所，時段也是環境的一部分。

平常總是在下午做的工作或練習，如果試著改在上午，感覺會格外新鮮。

在哈佛，早上開會時，主辦方會準備咖啡和甜甜圈，有時也能提高大家的鬥志。商業人士也一樣，當工作遇到瓶頸的時候，就索性走出辦公室，大家一起到附近的公園悠閒散步，也是種相當有效的方法。

前文提到，大腦存在波動，如果長時間窩在辦公室等容易使波動僵化的環境裡，人會不斷累積疲倦。

在自然的環境下，如去公園感受林間隙光、鳥鳴聲、微風，大腦、心情都會變得舒暢，較容易找到解決問題的線索。

你也可以在回程時，買飲料帶回會議室繼續開會，若天氣不錯的話，直接在公園開會，也是很不錯的辦法。總之，試著拋開「開會應該去會議室」這樣的守舊觀念。

第二個方法，是傾聽局外人的意見。

如果每次都和固定的成員討論，就算試著改變環境，效果仍然有限。我認為在這個時候，可以試著聽聽不同人的想法。

例如，當某位同事碰巧經過會議室外面時，可以出聲叫住他，「可以打擾一下嗎？」請對方抽空參加會議。

或許對方能以局外人的觀點提供新穎的意見，另外，對方的存在也會帶來些許緊張感。

我曾在日本數位藝術團隊 teamLab 實習，他們的辦公環境可以自然的聽到其他人的聲音。辦公室位於一樓，完全沒有牆壁或隔板的區隔，開會時，還是能清楚聽到隔壁桌談話的聲音，那便是他們的用意。

因為在那樣的環境下，他們可以隨時向碰巧在現場的人徵詢意見，聽取立場完全不同的想法或是意見，在那之中，肯定藏著意外的靈感。

哈佛教會我的社會生存力

改變思考場所、時間還有討論的成員，以激發靈感。

46 哈佛的社交派對，其實在教你怎麼創業

只要接觸各種不同人的想法，就能刺激想法，自己的思考能力也因此大幅度的擴展。這個時候，最有效的手段就是社交。

哈佛很重視社交，偶爾會舉辦各種不同的社交派對。學期末有校方主辦的舞會，宿舍方面也會經常辦派對。其中也有聚集了國內外的哈佛校友和商業界大咖的大型派對。正因為派對很多，所以人的社交能力才有所提升。

社交的基本原則是，尊重彼此的時間，如果沒有要事，就該快速結束話題；也不要在吃飯的時候，滔滔不絕的說話。

哈佛有很多學生不講究打扮，許多人幾乎一整年都穿著胸前印有「Harvard」標誌的連帽外套和牛仔褲。即便是那些平日穿著隨興的男男女女，參加派對時，還是會盛裝出席，穿上西裝或是洋裝。

哈佛也有許多名門望族出身的學生，所以非常習慣這種正式場合，也十分了解派對該有的行為舉止和餐桌禮儀。

我進入哈佛後，第一次體驗這種正式的派對，所以有很多地方不懂，不過，當我試著模仿他人的一舉一動和學習禮儀之後，我也能享受社交的樂趣。

在派對上，和各種人對話，不僅可以打開視野、增加想法，碰到意氣相投的人，還可以交換聯絡方式，幫助自己拓展人脈。

學生團體有時也會為了籌措資金而舉辦派對。那個時候就要絞盡腦汁，以充滿魅力的簡介吸引擁有財力的人，讓他們自願出資贊助。就像在派對上模擬如何吸引企業家加入創業投資一樣。

可以說，哈佛的派對，就是以類似形式學習創業和商業基礎的平臺。

哈佛教會我的社會生存力

社交，擴展人脈跟湧現靈感的方式之一。

47 派對的自我介紹，應該怎麼說？

沒有人知道自己會在什麼時候參加有外國人參加的派對或是聚會。這時候，只要事先把自我介紹的基礎五步驟學起來，就可以隨時派上用場，還能樹立良好的第一印象。

1、看著對方的眼睛，微笑握手（絕對不能停止笑容）。
2、第一次先清楚的告知自己的名字，讓對方記住。
3、用簡單的兩句話介紹自己的活動。
4、為什麼參加這個派對？（誰介紹來的？）
5、「What about you?」聆聽對方的自我介紹。

在第三步的時候，我會這麼介紹自己：「我來自日本，是一名以紐約為據點的小提琴家，同時還經營一間公司（I am from Japan but I am now based in NYC as a violinist, running my own business as well.）。」

第四步則是簡單說明自己的背景，例如：「派對主人□□是我大學時期，住在同一間宿舍的朋友（I know the host □□ because we lived in the same dorm at college.）。」

這五步頂多花兩分鐘左右。

第一次見面時，很少有機會和對方長談，基本上，參加派對的人都希望盡可能跟更多人談話，所以都是速戰速決，除非對方對自己感興趣。

另外，對話期間務必稱呼對方的名字，別忘了藉此表達「我對你感興趣」。

這裡最重要的關鍵是第三步的內容。

自我介紹的內容要根據派對的邀請對象的職業而改變。

就我的情況來說，如果對方是媒體傳播業者，我會提及自己的著作；如果是音樂相關工作者，就談論演奏表演；面對遊戲製作業者，則談論作曲；如果對方的母校和自己相同，就會談論母校，像這樣預先準備多種話題，就可以依對象靈活對談。

即便是極短的對話，只要連結對方的工作，對方就有可能記住自己。如果彼此相談甚歡，還可以交換電子郵件，或是申請成為SNS好友，若有希望合作的案件，就可以試著傳送訊息。

如果是在日本，往往會隨口拋出邀約：「下次一起去喝杯啤酒吧！」但如果對外國人這麼說，對方可能會覺得你有所意圖，於是敬而遠之。

因此，我第一次邀請對方時，不會選擇下班後的時段來聚會，而且，我也不會找對方去喝啤酒，而是先從喝咖啡開始：「找個時間喝杯咖啡聚一聚？（Let's catch up over coffee sometime?）」通常，對方都會答應這樣的邀約。

順道一提，被外國人問到興趣的時候，似乎許多日本人都喜歡半開玩笑的回答：「喝酒。」但這在國外是NG的。對方會認為「這個人或許有酗酒習慣。」

所以要特別注意。

如果談論自己時，若你想不到酒以外的話題，就試著改變一下說法：「我的興趣是蒐集〇〇葡萄酒。」讓對方留下好印象吧！

哈佛教會我的社會生存力

自我介紹依對方職業而改變，藉此讓彼此產生連結。

48 你不需要給正確答案，而是當下的最佳解答

我從茱莉亞音樂學院畢業並創業後，增加許多機會和其他公司的執行長接觸。當時我最深刻的感受是，他們回應都很快速。

我原以為，他們因社會地位高，所以工作也相對忙碌。可是，我的親身感受是，地位越高的人士回應的速度反而越快。尤其在紐約，這種情況更是明顯。

與其花時間，做出一〇〇％的確實回答，不如就當下可回答的範圍，馬上應答。

很多執行長都是依照事情發展，隨機應變、見招拆招。

變化劇烈的ＩＴ業界當然不用說，其他業界其實也一樣，一旦停下腳步思考，就很可能在提出結論時，比對手晚了一步。

即使不是執行長，我認為任何階層的員工都應快速回應電子郵件。工作應該

在完成度約六〇%至七〇%，先給予回覆或通知。這樣一來，合作對象或上司，才能有更多的思考時間。

此外，相信大家都有過這樣的經驗：在百般考量後，結果還是第一個想法最好。從過去累積的經驗，下意識的誘導出正確答案的直覺，有時會凌駕於深思熟慮。那也是快速應答的優點。

快速應答，同時也能訓練思考以提高處理速度。就算答案並不完美，只要做出快速回應，就可以馬上把那個案件拋到腦後，大腦就不需要再多記一件事。

人會一直記著還沒給出回覆的案件，結果就像隨意下載的應用程式，不斷占據手機容量後，導致速度變得遲緩，大腦的效能也會因此而變得緩慢。

哈佛教會我的社會生存力

不需要準備一〇〇%的回應，就當下可回答的範圍，馬上應答。

重點整理

試著讓自己擁有一個以上的專業。

鑽研興趣至半專業級，提高專業性。

參加多國籍的派對，增廣見識。

試著改變環境，換個心境。

隨時注意快速回應。

第六章

給我你的想法，別老是靠感覺

49 因為沒有練習，所以你才沒有想問的

許多人往往認為，演奏家是靠天生的感覺去演奏音樂，但對一個優秀的演奏家來說，思考是不可欠缺的。

偉大的作曲家巴哈、貝多芬已經不在人世，所以我們無法直接問他們：「這個部分是以什麼想法來作曲？」因此演奏時，最重要的是自我解讀。正因演奏家對樂曲的解讀各有差異，所以自己必須不斷的思考該如何表現。

例如，作曲家會在樂譜上標示 Forte。這個單字可以解讀成大或強，也可以解釋為掌握核心。所以演奏會因 Forte 的解讀差異，而有不同。

自從我在美國深造音樂後，我再次深刻意識到，一名好的演奏家絕對不能欠缺思考力。

依日本或俄羅斯的傳統，指導老師會明確指示該怎麼彈奏，學生便完全照老

師的指示來彈，不會有絲毫違抗，這已經是不成文的規定。

在美國這個自由國度上，老師通常不會強制規定學生要如何演奏。反而會這麼說：「這個部分有兩種彈奏方法。我認為這種方法比較好，不過，你想要怎麼彈奏？」根據學生的意見進行指導。

茱莉亞音樂學院的學生們也會不斷的向教授提出問題：「為什麼這樣彈奏比較好？」

由於我過去接受日本教育的關係，所以剛開始在美國，就算教授在課程最後問：「有沒有什麼問題？」即使我有想問的事情，還是會回答：「沒有。」可是，當我習慣美國的教學風格後，我便會積極提問：「有。剛才教的這部分該怎麼練習，才能演奏得比較好？」

在茱莉亞音樂學院，若沒有經常思考然後提問，可能會被教授們誤會：「原來妳並沒有那麼熱衷音樂。」、「因為沒有勤奮練習，所以才沒有想問的。」

順帶一提，在茱莉亞音樂學院，學生能接受代表美國的演奏家或作曲家的指導。我有朋友攻讀作曲系，她曾接受美國當代古典音樂作曲家約翰·庫利奇·亞當斯（John Coolidge Adams）的指導。

據說，當她針對作品徵詢意見時，教授會列出三個左右的問題，電子郵件上寫著：「如果是我，我會這樣處理這個部分。不過，那終究是我的提案，是否採用這些意見，還是取決於妳自己。」

即便是他這樣的大師級人物，仍十分尊重學生的自主性，完全不會強迫學生採納自己的意見。這就是美國風格、茱莉亞音樂學院的作風。

學生之所以能積極向老師提問，也是因為那是個自主、自由的環境。

當然，學生也可以選擇聽從老師的意見（我朋友就是如此，她說：「既然是約翰·亞當斯的意見，當然要積極採納。」），如果是演奏家的話，也可以反過來主張「我想這麼彈奏」。

無論如何，演奏家必須深入挖掘出作曲家的意圖，並且經常在自己的腦中思考該如何彈奏。

好的演奏家也需要思考力

持續思考、提問很重要

在重視自由且自主性的同時，必須明確的說明，為什麼希望依照老師的指導去彈奏？或是為什麼想選擇自己個人的演奏方法？

能夠充分表達自己的意見，才能真正的獨當一面。「只是靠感覺」這樣的曖昧說法是行不通的。

哈佛教會我的社會生存力

老師並非正解，深入思考自己會怎麼做。

50 可以重複，但請試著添一點變化

二〇一八年，為配合茱莉亞音樂學院的指揮系主任就職，我有幸採訪聖路易交響樂團（St. Louis Symphony Orchestra）的前音樂總監兼英國ＢＢＣ交響樂團的前首席客座指揮家，大衛．羅伯遜（David Robertson）。

他說：「知名音樂家安東寧．德弗札克（Antonín Dvořák, 1841~1904）的代表作之一第九交響曲《新世界交響曲》(*New World Symphony*)，即便安東寧已經演奏這首曲目上億次，在他超過四十年的指揮家人生當中，他在每次演奏時，仍會替曲目添加一些變化。」

羅伯遜繼續說道：「就像安東寧一樣，我分析樂譜後，每次都會有新發現，所以我會想：『這個部分其實這樣彈奏會比較好吧？』因此，就算希望每次都做出相同的指揮，我還是沒有辦法做到。」

日本電視臺NHK的節目《專業高手》曾介紹，隸屬世界級的管弦樂團柏林愛樂樂團的首席小提琴家樫本大進，也和大衛．羅伯遜一樣。以演奏《新世界交響曲》為例。

他說：「我有時也會向成員提議，總是以『下弓、上弓』方式彈奏的部分，要不要改用『上弓、下弓』的方式彈奏。別過分拘泥於傳統，用自己的想法採取全新的彈奏，就會有全新的感動。」

小提琴的弓往下拉稱為下弓；向上拉則稱為上弓，而小提琴的音色會因為下弓、上弓而改變，正因為是名曲，所以樫本才會企圖顛覆過往的傳統慣例，大膽帶入創新的想法。

即便是像羅伯遜、樫本那樣的大人物，仍然沒有停歇的終日思考、鑽研，讓我更覺得自己應不惜一切努力的面對音樂。

儘管某個方式在傳統上已被視為慣例，或是已經有了前例，但那個方式未必就是正確。不管是二十一世紀的演奏家，或是職場上的商業人士，都必須用創新的想法，開拓全新的道路。

哈佛教會我的社會生存力

別老是重複一樣的事，試著稍微加一點變化。

51 帶著平常心，用他人視角來看自己的煩惱

有人找自己商量煩惱時，我們通常能客觀且正確的提供建議，可是當自己碰到煩惱，卻沒辦法客觀的想出良好的解決對策。這個時候，能夠派上用的是後設認知（Metacognition）：思考自己的認知過程。簡單來說，就像提供建議給他人那樣，客觀的思考自己的煩惱。

只要能做到後設認知，就連過去因為情緒化而找不到正確答案的煩惱，也能迎刃而解。

仔細回想，或許是因為我身為演奏家，所以在不知不覺的情況下，養成了後設認知的習慣。這種感覺就像是從兩公尺高的上空俯視著自己似的，因此，我把這種感覺稱為「第三方開關」。

某天，我整理以前的資料時，看到我小學六年級時的新聞採訪報導。當時，

記者問：「妳認為演奏時，最重要的事情是什麼？」我回答：「平常心。」

儘管當時的我還只是孩子，不過，我已經知道不隨波逐流，應該隨時透過第三方開關，讓自己保持冷靜，有多麼重要。

演奏家在學習的階段中，必須用自己的方式思考、解讀樂譜，然後反覆練習，直到能憑著肌肉記憶，下意識的活動手指為止。

然後在正式上場時，演奏家會進入全面專注的狀態，發揮感性，恣意演奏。

演奏家要進入那個境界，必須具備幾個條件。

首先，要有完善的準備，然後利用前述的有效短眠等方式，讓身體呈現最佳狀態，最後再加上登臺前，人會不自覺分泌腎上腺素（按：其作用是心臟收縮力上升、興奮性增高、傳導加速，當血液灌流到肌肉與心臟時，能促使人更快做出反應），以及高朋滿座的盛況，就能進入那個狀態。

每當我進入專注狀態時，會變得十分陶醉，甚至看不到周遭的一切。尤其是站在大型會場的舞臺上，宛如脫離現實世界，漂浮在外太空似的。

不論是音樂競賽，或是在聽眾面前舉辦的演奏會，全都是一樣。

此外，演奏會畢竟是娛樂聽眾，所以包含聽眾群、音樂廳大小、音響狀況、共同表演者的狀態在內，都要以聽眾的視角去感受「聆聽」、「聽眾是否享受在其中」，客觀的看待自己的演奏然後調整，是非常重要的。

在商業場合上也一樣，在進入狀態、發揮集中力的同時，若能環顧周遭，冷靜採取後設認知，那麼，你會越加強大。

哈佛教會我的社會生存力

嘗試從客戶、上司或下屬的視角去思考。

52 不被情感綁架，理性選擇才能替履歷加分

我曾碰過一件事：某位捐款大筆金額給茱莉亞音樂學院的董事，他女兒準備在美國佛蒙特州舉辦結婚典禮，董事委託我跟我的四重奏樂團在婚宴上演奏。

我當然二話不說就答應了。

沒想到，幾天之後，我收到了在費城舉辦的探戈節邀請，而那天正好是董事女兒的結婚典禮。

當時，我演奏探戈還不到一年，仍在摸索探戈，也很缺乏探戈業界的人脈，所以，聚集許多知名舞者和音樂家的大型音樂節，讓我十分心動。

可是，我先接下了茱莉亞音樂學院贊助人的委託，而且我也不想拒絕對方。再加上，這次的邀請，是在位於大自然環境下的小木屋裡住三天兩夜，對四重奏的成員來說，也算是一趟不錯的旅行。

如果是各位，大家會怎麼選擇呢？

雖然我也一度不知道該如何選擇，不過，我還是在權衡所有要件之後，做出了最後的決斷。當時，我的想法如下：

1、先答應了結婚典禮的邀請。
2、不想拒絕重要董事的委託。
3、和四重奏的成員一起旅居小木屋，肯定很愉快。
4、探戈節是個非常大型的活動，有機會認識探戈業界的大人物。
5、結婚典禮的演奏無法為資歷加分，但知名探戈節的活動演出卻能寫在履歷表上。

若是拋開後設認知，以感情為優先，肯定會以前三項為優先，毅然選擇結婚典禮。可是，如果基於後設認知，拋開感情，可以發現，四和五對未來才是最重要的。

就算在多麼盛大的婚禮上演奏，無法替履歷表加分。因此，我最後決定選擇能夠成為永久資歷的探戈節，結婚典禮的部分則是請其他人代替演出。

這麼做，或許會被說是精於計算，但在面臨重要選擇時，更應該避免感情用事，冷靜的採取後設認知。不要過分主觀，想想看未來的自己會如何評估現在的自己的決定。這種後設認知的判斷，有時也是非常重要的。

哈佛教會我的社會生存力

理性思考，才能找到為履歷加分的選擇。

53 ＡＩ和人的差距：玩心

據ＪＴＢ綜合研究所的資料顯示，因為新一代通訊技術「５Ｇ」問世，二〇二〇年的網路傳輸速度已經比一九九三年高出一百萬倍。

甚至，軟銀集團（SoftBank）社長孫正義表示：「不論怎麼推論，在未來的三十年，資訊量應該會增加至一百萬倍。」在今後，資訊量仍不斷的增加，因此根本不可能單靠人力彙整，所以未來的超資訊化社會，絕對缺少不了ＡＩ。

孫正義投資鉅額給ＡＩ相關的獨角獸企業（按：估值達標十億美元以上的初創企業）。可是，當中沒有日本企業。他說：「日本是ＡＩ發展中國家。」儘管遺憾，但我也有同感。

或許身在日本的人並沒有實際感受，但事實上，無法與ＡＩ做出差別的人，會遭到淘汰；許多工作會被ＡＩ和機器人的組合取代……像這些令人憂心的事情，並非未來在發生，而在「明日」。

進入ＡＩ時代後，ＡＩ所沒有的創意和思維，會更加受到重視。既然如此，我們必須好好思考，什麼是人類的創意或思維。

我認為ＡＩ與人之間的差異，就在於有沒有玩心。玩心可以讓心靈更加從容，孕育出自由的思考和創意。

ＡＩ只會單純的作業，不會思考。再加上ＡＩ的作業模式，全以演算法（Algorithm）為基礎，因為重視效率，所以往往變得乏味、無趣，正因為如此，人類的玩心才能夠成為武器。

古典音樂的世界也一樣，玩心是非常重要的。

雖然在圍棋或將棋之類的棋盤遊戲上，透過演算，ＡＩ已經擁有擊敗人類的實力。而音樂方面，未來或許會出現能照著樂譜精準演奏，搭載ＡＩ的演奏機器人。

但因為人擁有玩心，所演奏出來的旋律，可以表現出樂譜上看不到的演奏家性格。因此，若問我是否能夠靠盲聽，分辨出演奏機器人和優秀演奏家的演奏，我想我應該可以辦到。

我在小學時接受新聞採訪，記者問：「妳將來想成為什麼樣的小提琴家？」我說：「我希望成為當別人聽到樂曲時，可以馬上猜出『啊！這是廣津留堇演奏的！』的小提琴家。」

我當時的榜樣是二十世紀最頂尖的小提琴家，被稱為「小提琴之王」的雅沙．海飛茲（Jascha Heifetz），因為他能演奏出任何人都無法模仿的獨特音色。

而這個想法至今仍未改變過。

哈佛教會我的社會生存力

AI只能一味工作，而人的玩心能助我們發揮獨特創意。

54 打破傳統，添加自己的風格

讓我察覺到玩心的重要性的契機之一，是小學觀賞歌舞伎的時候。

我和母親前往東京的歌舞伎座，我很喜歡那種一腳踏進表演會場，瞬間把時空扭轉成不同於現代空間的氛圍。

當時，我最喜歡的是著名歌舞伎演員中村勘三郎先生，我甚至會因為勘三郎的襲名披露公演和小學戶外教學的日期重疊，而拜託學校讓我請假，然後跑去東京觀賞他的演出。

把玩心帶進歌舞伎這樣的傳統藝能，便是勘三郎最厲害的地方。

在第一次觀賞的《棒縛》（按：日本四大古典戲劇——狂言的曲目之一）時，他隨著傳統日本樂器的合奏，即興演出宛如搞笑喜劇般的演技及時事話題。儘管當時的我只是小學生，仍有深刻感動。

勘三郎並非是一股腦兒的搏命演出，而是透過後設認知感受觀眾的反應，在演出的同時，一邊思考著該如何才能讓觀眾開心。

古典樂也好，歌舞伎等表演藝術也罷，如果暴露緊張、想奮力一博的樣子，演出者的緊張情緒會傳給觀眾，觀眾就無法打從內心盡情的享受。

古典樂和歌舞伎同樣都屬於傳統，我把玩心帶進傳統世界，就是因為受了勘三郎的影響。

勘三郎讓我明白，「即便是傳統藝術，仍然可以打破傳統外殼，展現出自己的風格」，可說是我的心靈導師。

如果沒有玩心，只是單純的精準演奏，或許ＡＩ的表現會比人類更加優秀，也就是說，只會賣弄技巧的演出者，未必出色。

以我來說，就算樂譜上面沒有任何標記，但我總是會想：「或許這裡可以試著加點顫音（Trill）」；和鋼琴家眼神交流之後，想著「可以稍微拉長音節」；或是「如果這裡稍微停頓一下，聽眾或許會大吃一驚」，像這樣帶著玩心，一邊感受聽眾的反應，一邊演奏。

哈佛教會我的社會生存力

帶著玩心，就能改變工作進行的方式。

55 ＡＩ無法取代，更該培養感性

前文已反覆提過多次，在ＡＩ慢慢深入工作職場的狀況下，提高人的感性變得越來越重要。

我就讀茱莉亞音樂學院時，有一位同班同學技巧精湛，連演奏都很完美，總讓聽眾十分陶醉。

在我向他請教練習的祕訣，他的話頓時讓我恍然大悟。

他說：「我會適度的練習，然後，每天一定會去中央公園散步（距離茱莉亞音樂學院不遠，步行就能到的範圍）；到大都會藝術博物館或現代藝術博物館觀賞美術品。」

原來他並非成天窩在連窗戶都沒有的小小練習室裡，而是藉由接觸大自然和美術，培養自己的感性和人性，再將其反映在演奏上。

從資料分析乃至股價預測，AI統統有辦法辦到，但是，AI卻沒辦法演奏出讓人感動的音樂，或是畫出美麗的圖畫。

在二〇一八年，AI繪製的肖像畫《艾德蒙・德・貝拉米》（*Edmond De Belamy*）於紐約舉辦的一場拍賣會上，以四十三萬美元（約新臺幣一千三百三十四萬元）的金額拍出。

AI學習在十四世紀至二十世紀誕生的一萬五千幅肖像畫後，自行描繪出《艾德蒙・德・貝拉米》，但在我眼中，這幅畫作只讓我毛骨悚然。

由 AI 繪製的《艾德蒙・德・貝拉米》，售價近新臺幣 1,334 萬元。

哈佛教會我的社會生存力

多接觸藝術或娛樂，以提高自身的感性。

或許商業人士沒辦法從現在開始學習小提琴或是繪畫，但是，至少可以觀賞演奏會或是舞臺演出；去美術館接觸藝術作品；或多去公園散步；也可以觀賞電影。只要持續累積小小努力，就有助於提高自己的感性。

兼具思考力和感性，並不光只有演奏家需要。對於商業人士來說，同樣也是十分重要的能力。

對於ＡＩ時代會如何發展，大家各有不同的意見或看法，但不論如何，更進一步提升感性這個人類獨有的優點，絕對是百利無一害。

56 找人討論電影劇情，磨練感性和思考力

聽演奏會、觀賞舞臺表演、參觀美術館，或者是看電影時，我建議不要獨自前往，盡可能和朋友、戀人、家人等一起去，這麼一來，就可以來一場鑑賞後的感想交流會。

在美國，只要和某人一起去聽演奏會，或去美術館、電影院，一定會在鑑賞結束後討論感想。可以說，在回程找地方喝茶或吃飯，互相討論想法是固定的行程。基本上，音樂會或美術館結束之後，大家都不會馬上回家。

感想戰不僅可以共享相同的作品，也能從多個觀點、更多角度來重新思考剛剛看的作品。當然，像「好精采的演奏」或「CG做得很棒」這種程度的談論，還遠遠不夠。

以哈佛學生或茱莉亞音樂學院的學生來說，他們進行感想戰時，會把鑑賞的

作品作為主題，把五段落小論文式的談話內容向外延伸。

鑑賞之後的感想，能讓自己更加融入作品，在單純享受作品的同時，還能藉由感想戰，整理自己在鑑賞期間所產生的個人想法。

即便是在相同時間，接觸到相同的作品，感動處或看法仍會因人而異。哈佛學生也好，茱莉亞音樂學院的學生也罷，基本上，每個人的價值觀都不相同，所以大家會在交換感想時，毫無顧忌的談論令自己著迷的地方或感受。

如此，就能接觸到自己未曾有過的想法，因而獲得更多磨練。也可以比較自己與他人的意見，然後重新思考，為什麼自己會有這種感覺。透過累積這類的經驗，就能提升知性和感性，我認為這是ＡＩ無法取代的人才的原因之一。

哈佛教會我的社會生存力

別自己看電影，找人一起，然後交換感想。

57 重視每個工作，那是捉到機會的契機

音樂業界是個完全靠實力的社會。

茱莉亞音樂學院也一樣，在入學考試中，最先用來判定結果的項目，是能展現實際技術的試聽甄選。

在學期期間，每次考試的規模都像試聽甄選。

茱莉亞音樂學院聚集來自全球各地的優秀音樂家，因此，沒有半點失誤的完美演奏，是理所當然的事。可是，光只是完美演奏還不夠，因為教授聽得出來，樂曲是否能夠撼動聽眾的心，是否具有令人感動的熱情。

考試不光只會被反映在成績上。

因為茱莉亞音樂學院的教授們，全是音樂界的頂尖人物。所以，若教授喜歡某個學生，覺得「他很不錯」，那麼，這個學生就可以獲得參加演奏會的機會。

如果業界的頂尖製作人碰巧聽到那場演奏會，因而獲得賞識的話，活躍的舞臺會瞬間擴大，甚至迅速走紅。也就是說，或許前面就有一段成功故事正在等待著自己。

因此，深知此道的學生，絕對不會小看學校的考試。大家會竭盡全力的完成課題，使出渾身解數做出最完美的演出。

我之所以認識全球知名的大提琴手馬友友，也是因為他的合奏團總監偶然在哈佛聽到我的演奏，我因而有幸得到他的賞識。

除此之外，在音樂業界裡，為了評估實力，會設法杜絕任何干擾因素。

例如，候補者在樂團試聽甄選上進行演奏時，中間會拉起一扇布簾，讓審查員不知道是誰在彈奏；地板上會鋪上地毯，因為走路的聲響，可以讓人憑藉著皮鞋或高跟鞋的聲響，來判斷候補者的性別，在不被干擾的情況下，僅單純針對演奏進行評分。

展現實力，不僅限於音樂業界。

在日本也是相同，地緣、血緣、年功序列、終身僱用等昭和時代的價值觀，已成為過去式，用實力評估能力的時代已然來臨。

前文提到的 teamLab 實習經驗，讓我重新體會這點。

某天，我以測試人員的身分投入測試工作：在新的應用程式發布之前，協助測試應用程式是否有錯誤或問題。

當時，雖然我是哈佛學生，但我完全沒有把這份工作當成微不足道的除錯工作，而是跟做其他事一樣全力以赴，我用比其他測試人員快上好幾倍的速度，仔細的完成除錯測試，碰巧看到這種情況的專案經理給了評語：「她連細節都可以處理得十分完美，如果還有什麼新案件，就交給她負責吧！」之後便讓我負責許多有趣的工作。

我認為，那位專案經理並不是因為我是哈佛學生，才對我另眼相看，而是看到我的工作態度，才會給予我正面的評價。

不要因為眼前的工作太過平常，就不去重視，即便是小小的工作，仍要時刻思考如何展現出自己的個人價值，只要隨時保持緊張感並全力以赴，你的努力肯定會被周遭的人看到。

展現豐碩實力，獲得全新發展的時候，最重要的是，做好踏出下一步的心理準備，以及隨時準備抓住大好機會。

這個時候，就會顯現出專業和非專業的差異。

你必須隨時在腦中和行程表上預留某些程度的空間，以便在千載難逢的機會出現在眼前時，可以毫不猶豫的馬上抓住那個機會。

因此，你應該避免在大腦裡面放進多餘的資訊，然後有效的運用待辦清單等工具，盡可能的適當管理個人行程，才不會被其他人趁虛而入。

哈佛教會我的社會生存力

即使只是小事，也要全力以赴，表現出個人價值。

58 全球化使對手劇增，隨時問自己的優勢是什麼

我最近聽到一件事，讓我深切感受到全球化所帶來的危機。

我的公司位在紐約，但要錄製遊戲或電影等配樂時，經常要前往波士頓。然而，接到預算較低的動畫、電影等案子時，因資金不足，無法在波士頓錄製配樂，所以選擇在人事費用較低廉的匈牙利或捷克等東歐各國，錄製配樂的作品越來越多。

只有作曲家和導演會從美國搭飛機前往東歐，然後聘僱當地的樂團演奏。有時候，作曲家會在家裡使用 Skype 的視訊電話或語音通話，參與錄製工作。

音樂本身沒有語言問題，所以只要看了樂譜，就可以照著演奏，不論在什麼地方錄製，基本上都一樣。

若要錄高音質的音樂ＣＤ，由誰來演奏就是非常重要的事情，但如果只是遊

戲或電影等的原聲帶，在多數情況下，不會那麼要求品質。

再加上，最近的錄音技術越來越進步，只要錄音師稍加調整，就能馬上把平庸的演奏變成出色的演奏。這個時候，就算扣除作曲家和導演往返美國的交通費用，在人事成本或其他費用方面，還是可以把預算壓到最低。

換句話說，對於為電影或連續劇錄製配樂為業的波士頓音樂家來說，他們過去的競爭對手只有波士頓周邊的演奏家，但今後匈牙利或捷克的演奏家，也將會成為競爭對手。

即便擁有品質不輸給他人的自信，在面對「只要能在預算內做出堪用的演奏就可以」的需求下，無法單靠技巧取勝。

音樂家之間的競爭，除了磨練技巧之外，必須重新檢視「成為在眾多競爭者中，能被選中的演奏家」的自我品牌要求以及工作態度，這樣的危機意識已經開始在音樂家腦中萌芽。

日本的商業人士也面臨相同的狀況。

過去，競爭對手只有同期進公司或參與相同工作的同事，但是今後，各國的人都將是競爭對手。

當英語隨著全球化成為商業溝通的基本語言之後，不論母語是日語、韓語或是中文，都不再有任何溝通問題。若智慧型手機的自動翻譯功能更加進化，商業英語的翻譯精準度，將會在二〇二五年時，達到八五％。

此外，據說手機用的語音翻譯程式VoiceTra，具備與在多益英語檢定（滿分九九〇分）拿到超過九百分的人相同的翻譯能力，所以單靠學習英語，已經無法與競爭對手做出差別化的時代，馬上就要來臨了。

在全球化的過程中，日本國內通用的學歷不再可靠，正因為必須仰賴自己的實力取勝，所以才必須磨練ＡＩ所無法模仿的思考力，這才是最有效的方法。

哈佛教會我的社會生存力

隨時思考，站在國際化的競爭舞臺上，自己的優勢是什麼。

59 直覺，從不斷練習中產生

大腦被分成右、左腦。雖然大家常說，右腦管感性，左腦管邏輯，但在腦科學上，並沒有區分哪邊比較占優勢。

重點是，每個人都應具備直覺和邏輯。有時突然出現的靈感，不是從無到有的胡亂猜測，而是以過去所學和反覆思考作為根基。說得更清楚一點，有時我們會想：「雖然毫無根據，但我直覺認為……」其實是有事實根據存在。

音樂家在練習時，仰賴老師的指導或靠自己分析樂曲，一邊不斷的思考，一邊進行演奏。在那個時候，與其說是直覺，倒不如說是憑藉邏輯演奏出來。

在反覆練習之中，樂器和樂曲逐漸變成自己身體的一部分，就算不做任何思考，都能夠隨心所欲的彈奏。

我在中學時，曾恍神的彈奏小提琴。當時我在家裡練習，母親在樂曲結束後拍手：「剛才的演奏很棒喔！」她出聲的瞬間，我才猛然驚醒。

我有開始練習的印象，卻沒有結束的記憶，我想，或許是因為我在那時進入終極境界。

在演奏會正式上場時，若能進入那個境界，腦袋會變得一片空白，忘我（直覺）的彈奏——那是幾乎廢寢忘食的不斷練習所累積出的成效。

只要反覆練習，把演奏動作化為肌肉記憶，大腦會產生多餘的空間，這時，就可以進行後設認知。正式上場時，根據直覺和聽眾的反應，適時的加入玩心，隨機應變的呼應共同演奏者所彈奏出的旋律。

雖然學習邏輯無法讓自己成為一個好的演奏者，但是優秀的演奏者可以憑藉直覺理解邏輯。

茱莉亞音樂學院聚集一群從小沉浸在音樂裡的人才，即便是那般優秀的人，仍須學習音樂理論。他們必須有邏輯的學習已成為身體記憶的知識。當那些知識轉變成語言，並被刻意教導時，人往往會有「原來如此」的豁然開朗感。

這些深入意識的知識，要轉化成語言，提醒自己

- 是否確實能靠自己解讀出意見，並採取行動（是否對上司言聽計從）？
- 做簡報之前是否克盡完善，讓自己在正式上場時進入狀態？
- 你能不感情用事，為自己的職涯做出決斷嗎？
- 當機會來臨時，是否有馬上發揮實力的心理準備？

雖然演奏並不會因此產生劇變，但是當直覺和邏輯完美契合時，就會改變對事物的感受。

正因為如此，茱莉亞音樂學院才會刻意安排學習邏輯的時間。

不過，想太多也不太好。例如，代表前蘇聯的作曲家蕭士塔高維奇（Shostakovich），在獨裁者史達林的影響下，曾為了在共產主義體制所要求的音樂及自己尋求的音樂之間，找到平衡，而苦惱不勘。

如果因為過度理解樂曲的背景，而過度琢磨樂曲，如「這裡的演奏必須表現出他的苦惱」，大腦反而會打結，便很難演奏出觸動聽眾內心的樂曲。

在了解其背景之後，以自己希望表達的方式去彈奏，在自己的樂曲和解讀之間取得平衡，才是最重要的環節。

哈佛教會我的社會生存力

直覺是從反覆練習中產生。

重點整理

即便是相同的事物，解讀仍然因人而異。

打破個人解讀，不斷的反覆練習。

不要感情用事，透過後設認知，客觀的審視自己。

玩心讓人更加從容，孕育出自由的思考和靈感。

找人一起去美術館或演奏會，享受交換感想的樂趣。

後記
拋開榮耀，從頭開始，就擁有可能性和成長

二〇一二年，哈佛大學的入學典禮上，校長德魯・吉爾平・福斯特（Drew Gilpin Faust）對新生：「在座的各位，全都是在國中、高中擔任畢業生代表，經驗豐富且優秀的學生。應該有很多人曾在課業或課外活動上，獲得不少讚揚。「可是，進入哈佛之後，請各位拋開過去的榮耀，讓一切從頭開始。期待大家以全新的心境，在相同的擂臺上成長，成為將人們、社會帶往正確方向引導的領導者。」

若你聽到這番話，會有什麼想法呢？老實說，我覺得很安心。因為這表示，我可以在學校挑戰任何事情。對於從日本隻身前往美國的我來說，哈佛是未知的世界。我必須和來自全球各地的天才競爭。如果說沒有一絲不

安，那絕對是騙人的。

可是，毫無疑問的，福斯特校長的這番話，不僅鼓勵了我，同時也鼓舞了許多的學生。

現在回顧那個時期，我想到了兩件事：「只要挑戰，就能找到自己的擅長領域」以及「挑戰永遠不會太晚」。

關於前者，其實我在進入哈佛時，完全沒打算要繼續學習音樂。結果，我歷經了應用數學→社會學→音樂→國際保健與保險政策。最後畢業時，我的主修是音樂，副修則是國際保健與保險政策。

因為我發現，雖然哈佛有六五%的學生都會彈奏樂器，但是，比我更專精音樂的人並不多。那麼，我還是專注於自己的專長，才能在哈佛脫穎而出。

後來，我在音樂領域闖出成績後，我受邀在哈佛新美術館的開館典禮上，擔任主要嘉賓；在畢業典禮上演奏，增加了許多發揮自我價值的機會，同時結識了過去未曾往來的教授和工作人員。

畢業之後，我也收到校友會的活動邀請，認識更多居住在紐約的畢業校友。在嘗試過各種不同領域之後，我最終確定的專業領域就是音樂。

再來是挑戰永遠不會太晚。

福斯特校長在入學典禮說的話，意思是不執著於過去的經驗，勇敢的嘗試新的挑戰。就我的解讀來說，就是「儘管過去專精音樂領域，入學之後也未必需要持續拘泥於音樂」。

校方便是用這種方式，讓新生卸下過去扛在肩上的重擔，讓學生擁有更多的可能性。

當然，新生中有很多背負國家期待而入學的非洲學生，或背負雙親期待的亞洲學生，但真正的選擇權全都在自己的手上。

從眾多主修課程中，選出自己喜歡的領域；在多達四百五十個學生團體中，選出幾個感興趣的組織，並參與其中；和運動團隊一起揮汗如雨；在擁有許多珍貴資料的大學圖書館裡，徹夜讀書；和室友熬夜討論……在經歷種種之後，自然會挖掘出自己真正想做的事。

可以持續挑戰的環境、勾起好奇心的環境，正是哈佛的魅力，同時也是促使自己成長的原動力。

當然，並不是所有事情都非哈佛不可。但你可以根據本書的內容，培養出挑戰事物的習慣，進而提高能力。

我認為學習是一輩子的事，我終其一生都不會放棄學生時代所培養出的求知慾與挑戰野心。

不論是何種形式都可以，我衷心希望各位讀者也能持續的挑戰與嘗試。

最後，我要感謝給我許多建議的責任編輯齋藤順先生，以及負責採訪、編排的井上健二先生。謝謝大家。

國家圖書館出版品預行編目（CIP）資料

哈佛教會我的社會生存力：有些人只能考高分，有些人蛻變為成功的人。考進哈佛的日本女生，如何觀察、跟上、然後超前那些優秀同儕？ / 廣津留董著；羅淑慧譯. -- 初版. -- 臺北市：大是文化有限公司，2021.03
224 面；14.8 x 21 公分. -- （Biz；350）
譯自：私がハーバードで学んだ世界最高の「考える力」
ISBN 978-986-5548-31-5（平裝）

1. 思考 2. 創造性思考 3. 成功法

176.4　　109019207

Biz 350

哈佛教會我的社會生存力

有些人只能考高分，有些人蛻變為成功的人。考進哈佛的日本女生，如何觀察、跟上、然後超前那些優秀同儕？

作　　者／廣津留菫
譯　　者／羅淑慧
責任編輯／陳竑悳
校對編輯／郭亮均
美術編輯／張皓婷
副總編輯／顏惠君
總 編 輯／吳依瑋
發 行 人／徐仲秋
會　　計／許鳳雪、陳嬅娟
版權專員／劉宗德
版權經理／郝麗珍
行銷企劃／徐千晴、周以婷
業務助理／王德渝
業務專員／馬絮盈、留婉茹
業務經理／林裕安
總 經 理／陳絜吾

出 版 者／大是文化有限公司
臺北市 100 衡陽路 7 號 8 樓
編輯部電話：(02)23757911
購書相關諮詢請洽：(02)23757911 分機 122
24 小時讀者服務傳真：(02)23756999
讀者服務 E-mail：haom@ms28.hinet.net
郵政劃撥帳號／ 19983366 戶名／大是文化有限公司

香港發行／豐達出版發行有限公司
Rich Publishing & Distribution Ltd
香港柴灣永泰道 70 號柴灣工業城第 2 期 1805 室
Unit 1805, Ph.2, Chai Wan Ind City, 70 Wing Tai Rd, Chai Wan, Hong Kong
Tel：2172-6513　Fax：2172-4355
E-mail：cary@subseasy.com.hk
法律顧問／永然聯合法律事務所

封面設計／孫永芳　　內頁排版／陳瑞君　　印 刷／緯峰印刷股份有限公司
出版日期／ 2021 年 3 月初版
定　　價／ 340 元（缺頁或裝訂錯誤，請寄回更換）
I S B N ／ 978-986-5548-31-5
電子書 ISBN ／ 9789865548551 (PDF)
9789865548568 (EPUB)